DIESES BUCH IST AUF

HANF PAPIER

GEDRUCKT

(50% Cannabis-, 50% deinktes Recycling-Papier).

1 Tonne Hanf-Papier erspart das Fällen von 12 ausgewachsenen Bäumen. So kann für jedes Buch vom **Grünen Zweig** ein grüner Zweig im Wald weiterwachsen.

GRÜNE HANF ZWEIGE

gibt es seit 1994.

LUISA FRANCIA

WARTEN AUF BLAUE WUNDER

DER GRÜNE ZWEIG 151

QUELLEN

Ein Teil der Geschichten in diesem Buch sind vormals schon anderswo erschienen: »Hexen ist keine Hexerei«, »Das Orakel von Benin«, »Heiliger Highway« in *Transatlantik;* »Trippeln können wir genauso gut«, »Isabelle Eberhardt«, »Jim Morrison« im *Magazin* des *Tages-Anzeiger*, Schweiz; »Weibliche Figuren« und »Lyrische Atompilze« in der *taz* (*die tageszeitung*), Berlin; »Reise in den Morgen« und »Drei Wünsche« in Spuren, Schweiz; »Susanne Wenger« und »Zauberhaft geschmückt« in *Esotera*; »Das Fremde wahr nehmen« war ein Vortrag zum Symposium *Terms of Art* in der Kunsthalle Düsseldorf, No. 91; »Herbert Achternbusch« in: Herbert Achternbusch, der Maler, Katalog; »Gewaltloses Training« in *Courage*. Alle anderen Beiträge sind Erstveröffentlichungen.

IMPRESSUM

Luisa Francia
WARTEN AUF BLAUE WUNDER
Der Grüne Zweig 151

Umschlagfoto, Illustrationen: Luisa Francia
Satz und Gestaltung: Petra Petzold
Korrekturen: Nadina Leganovic und Susanne Steffe
Redaktion: Werner Pieper
Druck: Fuldaer Verlagsanstalt
Verlegt durch:
Werner Pieper's Medienexperimente
Alte Schmiede, D-6941 Löhrbach
Telefon 06201-65791, Fax 06201-22585

ISBN 3-925817-51-4

VORWORT *6*

EINLEITEND *11*
Hexen ist keine Hexerei *13*
Trippeln können wir genausogut *22*

AFRIKA (In der Fremde) *31*
Grigri *33*
Das Orakel von Benin *44*
An den Nachtfeuern von Mama Benz *55*
Afrikanische Märkte *64*
Zauberhaft geschmückt *75*
Das Fremde wahr nehmen *79*

PORTRAITS *87*
Susanne Wenger *89*
Herbert Achternbusch *98*
Isabelle Eberhardt *105*
Jim Morrison *115*

DAHEIM *123*
Reise in den Morgen *125*
Der Wald schweigt nicht mehr – er geht *130*
Auf dem Untersberg *143*
Heiliger Highway *149*

WAHR NEHMUNGEN *163*
Weibliche Figuren *165*
Lyrische Atompilze *171*
Zauberhaft geschmückt *176*
Greenham Common *184*
Angenommen, es käme eine Fee *188*

BIOGRAPHISCHE NOTIZ *191*

VORWORT

Tha Gambia, Februar 1992

Es war in Afrika, als ich zum erstenmal ein Buch von Luisa Francia verschlang – ihr »Afrikanisches Tagebuch«. Meine Mission ebendort war eine andere als die ihre, um so willkommener waren mir ihre Aufzeichnungen als Ergänzung zum eigenen Erleben, brachten sie mich doch dieser magischen Dimension Afrikas näher, die ich ansonsten nur erahnen konnte. Seitdem bin ich vernarrt in Westafrika. Und in Luisas Schreibe.

Als Folge meiner Begeisterung und dem entsprechenden Fanbrief an sie erschien in diesem Verlag das Buch »Ich machte mich auf die Findung, denn Sucherin bin ich keine«; nicht zuletzt auf Vorschlag unserer Setzerin Petra Petzold etwas aufwendiger (mit farbigen Illustrationen der Autorin) als unsere sonstigen Produktionen. Unser Hausfreak Ronald Rippchen wollte sofort wissen, welche Droge bei der Entstehung dieses Trip-Textes im Spiel gewesen sei. Luisas Antwort auf diese Frage: »Ich weiß, daß der Text mehr als kühn ist, aber es ist eine Fiebervision. Ich hatte Malaria, und anstatt um mein Leben zu fürchten, habe ich um mein Leben geschrieben. Das Produkt dreier Nächte ist das, und natürlich können wir Hexen solche Reisen auch ohne Trips und Medikamente machen, denn meine Malariamedizin ist die Trance und das Schreiben...«

Sporadische Beiträge Luisas in der Zeitschrift *Transatlantik* gehörten für mich immer zu den Lesehöhepunkten. Als Zeitschriftensüchtiger litt ich stark an Entzugserscheinungen, als dieses Blatt eingestellt wurde. Dann hörte ich, sie würde auch im Schweizer *Tagesanzeiger-Magazin*, in *Globo* und anderen Zeitschriften publizieren. Der Leser in mir wollte dies alles genießen. Der Verleger in mir dachte: »Naja, wenn es mich interessiert, könnte es andere auch interessieren.« Luisa Francia war sofort sehr angetan und kooperativ, steuerte noch einen Stapel bislang unveröffentlichter Arbeiten hinzu und, voilà, hier ist das Ergebnis. Keine »Complete Works«, eher »The Best of...«

»Zweierlei Schreiber sind kühn genug, Sammelbände ihrer Geschichten zu präsentieren«, schrieb Norman Mailer einst als Einführung in eine Sammlung seiner Werke, »die einen schreiben ausreichend gut, um ihren Verleger überzeugen zu können, ihre unterschiedlichen Abhandlungen dem Leser als Annehmlichkeit komplett als Buch anzubieten. In solchen Kollektionen geht es oftmals mehr um die unterschiedlichen Themen, die behandelt werden, als um den Autor. Profifußball wird als ebensolcher beschrieben und Frauenmode als Frauenmode.

Die anderen Schreiber können besser oder schlechter sein, aber ihre Schreibe hat diesen Touch des Grandiosen, ja, manchmal gar Megalomanischen: der Grund dafür mag sein, daß ihre Texte Teil eines fortlaufenden Prozesses sind, Ausdruck einer mehr oder weniger stimmigen Vision, in die alles hineinpassen muß. Wenn diese Vision eine interessante ist, dann kann so eine Sammlung überraschend, dramatisch, erleuchtend und geistig nahrhaft sein und das Verlangen nach mehr schüren. Der Leser fühlt sich unbewußt dazu gedrängt, die geheimen Relationen zwischen Profifußball und Frauenmode aufzuspüren, da alle Themen als gleichberechtigte Partner in der selben Vision lebendig werden. Solche Schreiber sind natürlich selten, und alles, was sie schreiben, ist Teil eines fortlaufenden Buches – des Buches ihres Lebens und der Vision ihrer Existenz.«

Als Leser würde ich gerne mehr über Luisa Francia lesen, als Verleger waren unsere raren Begegnungen zu kurz, als daß ich hier nun etwas über sie schreiben könnte. Also bat ich sie um entsprechende Informationen, die über ihre Kurzbiografie am Ende des Buches hinausgehen. Ein Vorwort. Eine Einleitung. Was kam, waren…

… »ein nie abgeschickter Leserbrief zu einem Intelligenztest im *stern:*

> Nach Ihrem Test bin ich eine komplette Vollidiotin, obwohl ich kaum je meine Schlüssel verliere, fließend vier Sprachen spreche, elf Bücher geschrieben, vier Filme gedreht, zwei Theaterstücke geschrieben, eins davon selbst inszeniert, ein Kind großgezogen, meinen Haushalt dabei selbst geführt, meine Steuer selbst gemacht und mehrere Bäume gepflanzt habe. Mit landläufigen Krankheiten kann ich umgehen und kenne Hunderte von Heilsubstanzen, ich spiele ziemlich gut Go und finde kaum SpielpartnerInnen. Ein Bekannter, Atomphysiker, hat die höchste Bewertung in Ihrem Test, obwohl er mir nicht sagen kann, wo denn jetzt eigentlich die »80 Prozent verschrotteten Atomsprengköpfe sicher endgelagert werden« können, während ich ihm sofort sagen kann, daß das trotz der hohen Intelligenz der Militärtechnologen wohl kaum möglich sein wird«.

… und ein Gedicht von Herbert Achternbusch:

für Luisa

Das Nichts macht lebendig
Das Leben macht leise
Die Liebe macht heiter
Die Menschlichkeit macht komisch
Die Gerechtigkeit macht lustig
Die Moral macht sauer
Der Staat macht dumm
Der Faschismus macht tot

Servus dein Herbert

Es ist mir eine große Freude und Ehre, den geschätzten Lesern und Leserinnen hiermit die Chance geben zu dürfen, die rote Visionsspur der blauen Wunder Luisa Francias als Grünen Zweig nachzuvollziehen. Rot-blau-grün, das sind die Farben Gambias, jenes westafrikanischen Landes, in dem die letzten Korrekturen an den Satzfahnen dieses Buches vorgenommen wurden. Dies erledigte meine Lebensgefährtin Nadina Leganovic, die nun den dritten Sommer mit der Schweizer Tanztheatertruppe »Rigolo« die 13 Monde des Jahres tanzt – nach einer Vorlage von Luisa Francia.

Manchmal, in glücklichen Momenten, verdichten sich Bücher, Visionen und das tägliche Leben dergestalt, daß man schier »außer sich« im besten Sinne scheint. Oder ist. Lesen als Bewußtseinserweiterung.

Nochmal umblättern, dann geht's los...

Werner Pieper

WARTEN AUF BLAUE WUNDER

für Annamirl

Du wirst noch deine blauen Wunder erleben, sagte meine Großmutter, und das war natürlich drohend gemeint. Aber ich hatte immer schon ein erotisches Verhältnis zur Sprache, zu Wörtern, und es gibt für mich keine größere Verheißung als DAS BLAUE WUNDER. Auf dem Weg zum Blauen Wunder lernte ich schreiben, zuhören, lesen, zaubern, weinen, lachen…

HEXEN IST KEINE HEXEREI

Anleitung zum Dialog mit dem Türstock

Na gut, meinetwegen, sprechen wir über Magie. Zuerst machen wir eine kleine Übung: Lassen Sie Ihre Axone sanft schwingen, und schicken Sie einen Haufen Serotonine los, um die Anlegestellen freizufegen – was? Sie können Ihre Axone nicht bewegen? Was machen wir denn da! Wenn Sie mir jetzt schon schlappmachen. Na gut. Schließen Sie Ihre Augen, nicht doch, erst wenn Sie das gelesen haben, und lassen Sie Ihren imaginären Körper aufstehen, die Treppe hinuntergehen oder wie immer sie wohnen. Dann gehen Sie mit Ihrem imaginären Körper einen Weg, den Sie sehr gut kennen. Zum Zigarettenkiosk, zum Milchladen, zum Supermarkt, zum Puff, was weiß ich. Wählen Sie auf jeden Fall einen Weg, den Sie gut kennen. Für Sie benutze ich den Ausdruck »imaginärer Körper«, denn wenn ich sagen würde, Sie sollen Ihren Traumkörper gehen lassen, dann fragen Sie ja doch gleich wieder, was das ist.

So. Sie sind den Weg entlang gegangen, haben alle Einzelheiten wahrgenommen, die Sie auch sonst wahrnehmen… Ja, ich weiß, was Sie sagen wollen. Sie können den Weg nicht sehen. Da haben wir's. Nicht einmal mit Ihrem fleischlichen Körper im ganz normalen Wachzustand nehmen Sie die Dinge so wahr, wie sie sind, wie sollen wir uns dann über Magie unterhalten? Gut, versuchen wir's. Gehen Sie mit Ihrem fleischlichen Körper einen Weg, den Sie sehr oft gehen, der Ihnen sehr vertraut ist. Beachten Sie alles auf diesem Weg, die Häuser, die Straße, Pflanzen, die es dort vielleicht gibt, achten Sie darauf, wie Sie atmen, wie Sie gehen, wie groß Ihre Schritte sind, welche Muskeln Sie brauchen, um diesen Weg zu gehen, welche Sie nicht brauchen. Oje, ich sehe schon, auch das geht Ihnen zu weit.

Na gut, dann einigen wir uns auf die Kurzfassung, aber jetzt müssen Sie wirklich ein bißchen aufpassen und mitarbeiten, sonst kann ich mir ja die Finger wund schreiben oder den Mund fusslig reden. Das Problem mit Ihnen ist nämlich, daß Sie keine Rezeptionsorgane für Wahrnehmungen haben, die traditionell nicht als wahr gelten. Also anders gesagt, bei uns tauchen kaum noch Menschen mit zwei Köpfen auf, und wenn Sie jetzt einen Menschen mit zwei Köpfen im Supermarkt sehen, denken Sie, Sie haben sich getäuscht. Sie sind so konditioniert (das können Sie mir ruhig glauben, oder sagen wir, ich glaube es für Sie mit), daß das, was nicht sein darf, auch nicht ist und Sie deshalb an Ihrem eigenen Verstand zuerst zweifeln.

Noch komplizierter ist es, wenn ich Ihnen sage, Sie begegnen am Bahnhof einer Fee. Also, zuerst denken Sie, es ist eine ganz normale Frau. Dann merken Sie, wie diese Frau Ihre innersten Fragen beantwortet, wie tief ihre Anwesenheit Sie berührt und doch nicht den geringsten sexuellen oder sonstigen erotischen Reiz auslöst. Na ja, das kann Ihnen überall passieren, jedenfalls: Plötzlich ist sie weg. Sie sagen sich: Ich bin verrückt. Das ist ja auch ehrwürdig und nett von Ihnen, daß Sie sofort jede Schuld irgendwelcher Phänomene auf sich nehmen. Aber dann gehen Sie heim, und was passiert?

Ein Baum spricht Sie an. Mich können Sie damit nicht schocken. Oft, wenn ich lange Autoreisen unternehme, weiß ich nach ein paar Stunden nicht mehr, was ich mit meinem Auto reden soll. Dafür zwickt es mich, wenn ich unaufmerksam bin.

Wir machen jetzt die wirklich ziemlich einfache Übung, damit Sie wissen, was Ihren Körper umgibt: Sie schütteln Ihre beiden Hände gründlich aus, ballen sie zu Fäusten und schleudern sodann die Energie nach außen. Das machen sie dreimal. Dann schließen Sie die Augen, heben zuerst den rechten Arm, dann den linken und (jetzt kommt's!) dann den rechten *imaginären* Arm, dann den linken imaginären Arm, und, Schwierigkeitsstufe eins: den rechten imaginären und den linken körperlichen Arm gleichzeitig und dann umgekehrt. Fällt Ihnen an dem Wort *imagi(e)när* etwas auf?

Image, auf englisch Bild, auf lateinisch sicher auch irgendwas, hat mit Magie zu tun. Imaginieren, ein Bild machen, ist die Grundstufe der Magie. Sie werden jetzt mit Recht einwerfen, daß alle Politiker, alle Spitzensportler und selbstverständlich die gesamte Werbung so arbeiten. Haben Sie recht. Ich hab' ja auch nie behauptet, daß Magie eine Sache der Hexen ist. Magie hat etwas damit zu tun, daß sich jemand ein Bild macht, etwas teilt/mitteilt/gestaltet nach seinem Bild, sich verbündet/bindet und schließlich wieder löst/auflöst. Und das ist im Grunde ein alltäglicher Vorgang. Wie oft setzen sich Leute etwas in den Kopf, malen es sich in den schönsten Farben aus, verwickeln jemanden in die Idee, denn zwei können mehr als eine/r, und irgendwann löst sich das Ganze dann in Wohlgefallen oder Chaos auf, je nachdem. Politiker machen das, Kinder, Verliebte, JournalistInnen, SchriftstellerInnen, Köchinnen...

Wenn also ungefähr die gesamte Menschheit in der einen oder anderen Art so verfährt, was ist dann das Besondere an Magie? Habe ich gesagt, daß Magie etwas Besonderes ist? Oder andersherum gefragt: Können Sie vielleicht zaubern? Aha, da haben wir's. Ich könnte jetzt wieder von den beweglichen Axonen und den Enzymen und Botenstoffen anfangen, die Informationen im Körper weitergeben, vom sechsten Sinn, der Maus sozusagen, die alles findet, was irgendwann einmal gespeichert wurde, aber ich gebe auch zu, das ist nur der halbe Handel. Denn wenn alles da ist, die Wahrnehmung, die fünf Sinne und der sechste, der aus Vorsicht und Rücksicht Hellsicht macht, Wahrnehmung nach innen, in die fremde Welt der eigenen Blutbahn und Organe, in das Universum, das uns trägt, führt, steuert und das wir überhaupt nicht kennen – oder wissen Sie vielleicht, wie es in Ihrem rechten Knie ausschaut, wie Ihr Hirn funktioniert? Sie merken doch auch erst, daß Sie einen Körper haben, wenn er weh tut oder Hunger hat –, wenn also zu allem Besagten das Mitteilen und Teilen, das Verbünden, Binden, Einbinden, Bannen und das Gestalten und Wiederauflösen kommt, dann ist das lange noch nicht gezaubert.

Warum können Sie denn nicht zaubern? Denken Sie mal die linke Seite Ihres Nackens hinunter, und lassen Sie das Archiv im Kreuzbeinbereich aufleben. Können Sie auch nicht? Sie machen mir's aber wirklich schwer. Überprüfen wir erst unsere gemeinsam gebrauchten Begriffe. Sprache, Rache? Wofür. In der Sprache steckt auch *ache*, das westafrikanische Yoruba-Wort für die eigene Macht, Lebenskraft. Ist Ihnen schon mal aufgefallen (Fall, All), daß im Schall auch das All steckt, alles. Im Traum Raum, ich will Sie ja nicht mit Exotischem verwirren, aber das fernöstliche Om ist auch nichts anderes als *aum*. Probieren Sie es mal. Na ja, eigentlich geht es ja um die Energie zwischen dem Gesprochenen und dem Nicht-Gesprochenen. Wenn Sie erst mal wissen, was Sie durch das Sprechen verhindern und warum Sie nicht geradeaus Menschen in die Augen schauen können, so lange, bis Sie wissen, was los ist, dann sind Sie der Magie schon sehr nahe gekommen.

Wußten Sie nicht, daß man die Hände der Frauen in ewiggleichen langweiligen Tätigkeiten band, damit sie nicht mehr ihre Kraft darin konzentrieren und ausdrücken konnten? Daß vor allem Frauen und Kinder, in denen die Kraft so spontan und stark ist, nicht mehr in die Augen von »Respektspersonen« schauen durften und schon gar nicht mit dem Finger – dem tödlichen Pointing-Finger, dem Finger, der bezeigte: »*Du* bist dran«, dem Finger, der Energie leitete bis zum gewünschten Ziel – auf Menschen, Männer zeigen? Statt dessen kehrte man es um und zeigte auf Frauen, ein düsteres Kapitel (erdgeschichtlich, ja menschheitsgeschichtlich natürlich nur eine Sekunde).

Der Blick, der böse Blick? Früher war es der Blick der Macht, die Geste, die Hände, die holten und schleuderten, die Macht des Körpers, die Macht der Gedanken – all das ist das Material (ach ja, Sie haben es auch bemerkt? Mater-, Mutter-ial?), aus dem Magie gewoben wird. Kommunikation – und weil wir gerade bei diesem Begriff sind: was bedeutet er Ihnen? Reden? Schauen? Telefonieren? Ja, Om auch. Heiß, heiß. Ein unendlich weites Netz von Verbindungen zwischen allen möglichen Formen von Materie und Nichtmaterie, ein Spinnennetz, und in der Magie hängen Sie zuerst und ausschließlich an Ihrem eigenen Faden. Der muß halten. Und wenn ein Sturm kommt und er hält halt nicht – seien Sie nicht enttäuscht. Wer sich vorher täuschen läßt, muß um jeden nützlichen Feind froh sein, der die Schwachstellen im eigenen Kraft-Werk aufzeigt. Beweglich, auf nichts festgelegt, ist die Knetmasse der Magie, die Wahrnehmung des Augenblicks. Sie können anderen Menschen viel vorlügen, aber der Magie ist die Lüge so sichtbar wie das kleine Kind, das sich in den eigenen Händen versteckt. Das kosmische

Gelächter kommt bei uns manchmal als Meteoritenschauer oder als Sonnenwind an.

Ach so, Sie dachten, der Mensch ist ein intelligentes Lebewesen, gar das einzige. Das tut mir nun wirklich leid, daß ich Ihnen auch noch diese Illusion rauben muß. Wußten Sie nicht, daß wir kleine Parasitenwesen im Beatmungssystem eines riesigen Organismus sind? Oder haben Sie die Atembewegung des Universums noch nie bemerkt? Wir befinden uns erdgeschichtlich im Ein-Atmen, und ehrlich gesagt, das Ausatmen möchte ich nicht unbedingt in meiner menschlichen Form erleben. Einen Begriff sollten wir vielleicht noch klären, ehe wir mit der Magie weitermachen. Ich denke zwar, wenn Sie etwas über Magie lesen, verzichten Sie zumindest im Augenblick auf Ihre kostbare Vernunft (die Sie mir, nebenbei bemerkt, auch nicht wissenschaftlich beweisen können), aber im Grunde stehen Sie doch mit beiden Beinen fest auf dem Boden der Wissenschaft, stimmt's? Das muß Ihnen nicht peinlich sein. Ich will Sie nur auf eine Kleinigkeit aufmerksam machen: Verlassen Sie sich nicht allzusehr auf die wissenschaftlichen Erkenntnisse der Jahrhunderte: Die sind, wenn sie mal überholt sind, langweiliger als die Zeitung von gestern, ich darf nur an die flache Erdscheibe und den Eisengehalt im Spinat erinnern. Die Wissenschaft ist eifrig dabei, all das zu beweisen, was die spirituellen und magisch begabten Menschen seit Jahrtausenden wissen und leben; die 64 Erbinformationselemente in der DNA-Spirale zum Beispiel entsprechen den 64 I-Ging-Zeichen. Und das Prinzip, daß alles, was ich von meinem Körper absondere, immer noch ein Teil von mir ist (in der Magie z. B. Haare, Spucke, Nägel, Blut), entspricht dem Versuch in der Quantenphysik, zwei Teilchen eines Ganzen in einem Beschleuniger in zwei verschiedene Richtungen zu schießen und beide Teilchen mit jeweils einer durchlässigen und einer undurchlässigen Barrikade zu stoppen. Beide Teilchen werden sich gleich verhalten, obwohl eines dafür das physikalische Gesetz brechen muß. Verstehen Sie das? Nein? Fragen Sie doch mal bei Herrn Capra nach, der macht sein Leben lang nichts anderes, als solche seltsamen Phänomene und Übereinstimmungen zu studieren. Und vielleicht lesen Sie mal John Bell.

Wir stehen also einerseits vor dem Problem der wahren Kommunikation mit anderen Menschen, andererseits geht es ja auch um die Kommunikation mit anderen Wesen. Das kann einen so plötzlich überfallen wie die Hongkong-Grippe. (Nein, von Viren erzähle ich Ihnen ein anderes Mal, ich kann Sie aber an den Satz eines Indianerhäuptlings erinnern: »Nur Stämme werden überleben« – und haben Sie noch nie etwas von resistenten Stämmen gehört? Also, verbünden Sie sich gefälligst, und fragen Sie nicht soviel...) Nehmen wir mal an, Sie sind Chemiefabrikant und haben gerade einen Berg Giftmüll irgendwo in einen Wald gekippt. Niemand, außer zwei ihrer vertrautesten Mitarbeiter, weiß von der Sache. Dann gehen Sie mit Ihrer Familie spazieren, plötzlich ächzt ein Baum: »Ich krieg' keine Luft! Wie macht er das? Er läßt es Sie denken, weil er weiß, daß Sie nicht in der Lage sind, Baumsprache zu verstehen. Das heißt, Sie werden jetzt permanent von einem »schlechten Gewissen« verfolgt, das Ihnen das Leben schwermacht. Ich kann Ihnen zwar versichern, daß Sie in Ihrem Berufsstand vor solchen plötzlichen Wahrnehmungsformen fast vollständig gefeit sind, aber es soll ja die einen oder anderen Hardcore-Manager geben, die solchen unvermittelten Kommunikationsversuchen von Wesen der Natur zum Opfer fielen und fortan für ihren Beruf nicht mehr tauglich waren.

Wenn ich also von »mitteilen« oder »teilen« spreche, meine ich fast ausschließlich solche Mitteilungen, an andere Wesen, die gemeinhin nicht wahrgenommen werden. Sie sind zwar wahr, aber eben im landläufigen Sinn ver-rückt, also nicht auf ihrem ordentlich-richtigen Platz. Magie verrückt. Nichts bleibt, wie es war, alles rückt ein Feld weiter, und Sie müssen vielleicht zurück an den Anfang. Vielleicht sitzen Sie aber auch auf der Schlange und werden ein paar Felder weiter geschleudert. Mal sehen.

Sie haben also Ihren Spaziergang mit dem imaginären Körper endlich gemacht und auch leidlich genau den Weg und alles gesehen, was es zu sehen gibt. Sie haben begonnen, mit Coladosen und Bäumen, mit Steinen und Tümpeln zu sprechen wie andere mit dem Müllmann und dem Kaminkehrer – was also fehlt zum Zaubern? Jetzt wird's brenzlig. Denn jetzt kommt das Verbünden, Verbinden, Binden, Einbinden. Das erfordert etwas mehr als Halleluja und Amen singen oder mit verdrehten Augen verzückt in den Himmel starren. Da beweist sich nämlich erstmals, ob Ihre Wahrnehmungen und Ihre Mitteilungen Gaga sind oder ob sie tragen. Kleines Beispiel aus der Praxis. Ich spreche mit dem Türstock und bin ganz zufrieden, daß wir uns so gut verstehen. Aber: Jetzt will ich, daß der Türstock mit mir zusammenarbeitet und eine Gefahr abwendet. Sagen wir, ein unangenehmer Mensch steht ins Haus. Ich spucke also auf den Türstock und sage: »Was immer passiert, laß ihn nicht durch.« Wenn das mit dem Verbünden klappt, mit dem »per Spucke unsere Energien zusammenbinden«, dann dürfte der Kerl eigentlich nicht durchkommen. Wenn er trotzdem durchkommt: Spieler/in muß zurück an den Anfang und eine Runde aussetzen, die Buddhisten nennen das, glaube ich, Meditieren. Meine Oma nennt es Maulaffenfeilhalten. Was immer das ist. Ich liebe es.

Ich gebe ja zu, daß es für Sie wesentlich schwieriger ist, den Sprung ins ungewollte, absichtslose, absichtsvolle Nichts des Gewebes der Welt, dahin, wo die Fäden vernäht sind, zu schaffen, als, sagen wir mal, für eine einfache Bäuerin, die sich halt eine Votivtafel malt und diese der heiligen Jungfrau Maria oder dem heiligen Strohsack widmet. Das Einbinden, Verbünden, Binden ist gar nicht so einfach. Denn die zahlreichen Energieformen und Geistwesen, Götter, Göttinnen, DämonInnen und sonstigen Geister warten nämlich nicht gerade auf Sie Zauberlehrling, um in Aktion zu treten. Die tun, was, wann, wie und wo sie wollen, und es könnte sein, daß Sie dann zu den Flüchtigen gehören, von denen sich bekanntlich niemand Vorschriften machen läßt. Das Problem mit der Magie ist nämlich nicht, daß sie nicht funktioniert, sondern *daß sie funktioniert*, aber vielleicht nicht so, wie Sie sich das vorstellen.

Jetzt werden Sie denken, was soll das, ich lerne das nie, und das gibt's sowieso nicht. Sehen Sie, diese Schwelle wurde von der Göttin der Weisheit ein für allemal in Zeit und Raum versiegelt, damit alle Narren und Kleinkarierten wieder umkehren, und das ist auch gut so. Jammern Sie nicht, daß Ihnen das zu verrückt und zu kompliziert ist – ich kann auch nicht surfen. Man kann ja nicht alles können.

Nehmen wir an, Sie bleiben dran und wollen wirklich Verbündete finden, die mehr können als lesen und schreiben und einen Computer bedienen, dann fangen Sie doch wieder von vorn an: wahr nehmen. Nehmen Sie alles (für) wahr, was geschieht, und entdecken Sie die

Schicht hinter der Schicht hinter der Schicht. Die sichtbare Materie ist nämlich nur die Spitze des Eisbergs, dahinter lachen sich die Traumweben einen krummen Faden über uns. Entdecken Sie Töne, solche, die in Ihrem Körper wachsen, und solche, die anbranden, plötzlich, aus heiterem Verkehrschaos heraus, der singende Asphalt, die kichernde Ampel, der Huflattich mit Schluckauf... Nur: Teilen Sie Ihre Wahr-Nehmung möglichst nicht anderen Menschen mit, denn die befinden sich zu 98 Prozent noch in der weißen Zone der Universellen Landkarte und würden Sie von zwei netten starken, weißgekleideten Herren abholen lassen. Hat es mit dem Verbünden geklappt, dann springt schon mal ein Baum oder ein Bergrutsch für Sie ein. Aber soweit sind wir noch nicht.

Die Gestaltung ist nach dieser mühsamen Phase schon wieder leichter. Dazu brauchen Sie nichts weiter als das, was in meiner Kindheit eine »lebhafte Phantasie« genannt wurde. Wenn Sie genau genug gestalten, stellt sich die Materie dazu irgendwann unweigerlich ein. Mit der Zeit verschieben sich die Dimensionen und Interessen etwas, auch das ist ein Trick der Devas oder Dakinis oder Feen oder Little People. Wenn alle Raffgeier auch noch richtig zaubern könnten, dann wäre von diesem Universum wahrscheinlich nur noch ein Kaugummipapier übrig...

Schließlich kommt der Punkt, an dem fast alle Zauberer und Magierinnen scheitern. Das Einbinden, das An-mich-Binden ist nämlich verführerisch einfach, aber es ist nur unvollkommen, wenn ich es nicht wieder auflösen, loslassen kann. Und wer kann das? Egal, ob es ein schockierendes, ein glückliches, ein lukratives, ein romantisches Ereignis, eine Person, ein Besitz, ein Abenteuer, eine Sicherheit oder was-weiß-ich ist: Wir können einfach nicht loslassen. Was ich mal habe, lasse ich mir doch nicht wieder durch die Lappen gehen, sagt der Mann auf der Straße und ist damit ein in sich geschlossenes Universum von Täuschung und Ent-Täuschung. Er sitzt in seinem privaten Pingpong-Spiel von: festhalten, bis die Nägel brechen, aus Erschöpfung loslassen, oder eben nicht genug Energie haben, um es zu halten, wieder an sich reißen und immer hinterherhecheln.

Langweilig, das hat alles natürlich überhaupt nichts mit Magie zu tun. Was kann ich in zwei volle Hände nehmen? Wie kann ich eine Tasse füllen, die schon voll ist? Wie kann ich mich frei bewegen, wenn ich unter meinem eigenen Wohlstandsmüll begraben bin? Loslassen ist ja eine moderne psychologische Forderung. Alle sprechen davon, keiner kann's. Lösen, da steckt losen drin, »losen« oder »lusen« heißt im Alpenraum: horchen. Horch auf das, was dahintersteckt. Je weniger du um dich herum anhäufst, desto weniger hängt an dir dran, aber auch: desto freier bist du, etwas zu greifen und wieder gehen zu lassen. Ein Hund, der an einer (sicheren) Leine hängt, kann von einem anderen Hund zu Tode gebissen werden. Die Leine, die Sicherheit des Herrchens/Frauchens, ist eine Illusion. Bewegungsunfähigkeit, Lähmung ist die Folge. In der Magie beginnt alles, was ich festhalte, mit mir zu sprechen und zu arbeiten. Wenn ich das nicht wieder auflösen kann, gerate ich in eine Zwangskommunikation mit Tausenden von Dingen, Ereignissen, Wesen. So, wie ich einen unliebsamen Besucher wegschicke, muß ich auch nicht-sichtbare Bindungen wegschicken können. Üben Sie für den Anfang ruhig mal mit unliebsamen Besuchern.

Das wäre im großen und ganzen die Spirale der Magie, sie dreht sich und dreht sich, aber da sie nie dort ankommt, wo sie angefangen hat, sondern immer ein wenig höher und weiter wird, erzeugt sie eine eigene Dynamik. Eine Spirale aus Zeit und Raum, die wirbelt und in sich einen Ruhepunkt erzeugt, in dem sich Formen wandeln. Das ist Magie in der höchsten und reinsten Form. Wenn ich mich nicht einmal mehr an meiner eigenen Gestalt festhalten muß... oh... pardon... ich glaube, ich kann Ihnen jetzt nicht weiter dienen... o nein, nicht schon wieder dieses Schweineschwänzchen...

TRIPPELN KÖNNEN WIR GENAUSO GUT

Über die Lust am Schmerz und über die Gewalt, die wir unseren Körpern im Alltag antun

Ich sitze mit einigen afrikanischen Frauen zusammen. Wir diskutieren Gewalt, insbesondere Gewalt gegen Frauen. Ich errege mich über die Klitorisbeschneidung in Westafrika. Die Klitorisbeschneidung wird vor allem vorgenommen, um der Frau das Verlangen, die ungezügelte Lust zu nehmen. In dieser Verstümmelung kommt die männliche Angst vor der Sinnlichkeit der Frau zum Ausdruck, aber auch der Alleinanspruch auf Lust. Hadjara aus Ghana, die bei der Uno arbeitet und in einer Frauenorganisation aktiv ist, lächelt: »Ich dachte mir, daß du das erwähnen würdest. Schau dir mal deine eigene Kultur genauer an, ehe du die afrikanischen Frauen retten willst.«

Hadjara hat recht. Können wir aus der Tatsache, daß es bei uns keine Klitorisbeschneidung gibt, den erleichterten Schluß ziehen, daß unsere Sinnlichkeit und Sexualität nicht gezügelt wird, daß wir keiner Gewalt gegen unseren Körper, unsere Sinne ausgesetzt werden? Die deutsche Sprache beantwortet mit ihren vielen Redensarten diese Frage hinlänglich. Jeder habe *sein Kreuz zu tragen*, heißt es und: wir *bürden uns zu viel auf*, etwas *sitzt uns im Nacken*, mehr als nur der gefährliche Fettmantel oder die Harnsäurekristalle, die uns vielleicht *Kopfzerbrechen* machen. Wenn wir *zuviel schlucken müssen*, dann *läuft uns eben mal die Galle über*, da *stößt uns schon einmal etwas sauer auf*. Das müssen wir dann *erst verdauen*. *Atemberaubende* Erlebnisse können ja schön sein, aber wenn uns *der Hals wie zugeschnürt* ist, wenn wir von jemandem *abgewürgt* werden, dann bleibt Halsweh sicher nicht aus. *Geht uns manches auf die Nerven* oder *zu vieles unter die Haut*? Wohl dem, den das nicht *juckt*. Und immer *liegt uns* jemand *in den Ohren*. Wie sollen wir da *mit Leib und Seele* bei der Sache sein.

Während sich viele Sprichworte mit dem Körper über der Gürtellinie befassen, gibt es nur noch verschämte oder unverschämte Andeutungen, die den Bereich zwischen Nabel und Knie einschließen. *Stimmt* etwas, so *hat man* auch *Töne*, schwierig wird es, wenn uns *ein Kloß im Hals* sitzt oder uns gar *eine Laus über die Leber gelaufen ist*.

Die Aufgabe des Dichters ist es, keine Laus auf der Leber zu behalten, sagt der Dichter und Maler Herbert Achternbusch. Was aber tun die, die nicht dichten können? Wohin mit den Läusen auf der Leber? Wir geben zwar zu, daß eine gute Sache *Hand und Fuß* haben muß, aber was tun wir mit unseren eigenen Händen und Füßen? Die Hände werden versteckt (in Hosentaschen, Jackentaschen, hinter dem Rücken verschränkt, vor dem Magen, der auch einiges abkriegt, weil sich viel im Leben auf den Magen schlägt), und die Füße kommen gar nicht erst zum Vorschein. wir packen sie in schweißtreibende Kunstfasersocken, in spitze, enge, harte, feste Schuhe.

Wenn ich an die Stilettoabsätze der europäischen Frauen denke, beginne ich Hadjaras milden Spott zu verstehen. Wir sprechen über die eingebundenen Füße der Chinesinnen vor Jahren, wir beklagen die Klitorisbeschneidung der Afrikanerinnen, fühlen uns zivilisiert und aufgeklärt, aber von unserer eigenen freiwilligen Behinderung durch Kleidung, Schuhe, Unterwäsche, von unserer Benutzbarkeit seit der »sexuellen Revolution«, von der Gewalt gegen unsere wahren körperlichen Empfindungen sprechen wir nicht so gern.

In der Umkleidekabine einer Boutique steht eine Frau neben mir. Sie hält die Luft an. Sie zieht den Bauch ein und knirscht zwischen den Zähnen hervor: »Hoffentlich kommt nicht gerade jetzt die Verkäuferin, ich fühle mich schon genug gedemütigt.«

»Sie müssen sich hinlegen, dann kriegen Sie den Reißverschluß zu«, sage ich. Das weiß ich von früher. Ich konnte nur dort Jeans kaufen, wo genug Platz zum Hinlegen war. Dann läßt sich der Reißverschluß leicht hochziehen. Ein Problem wird das Aufstehen. Während es an den Knien messerscharf spannt, raubt die enge Hose einem fast die Luft, man taumelt hoch, manchmal wird's einem schwarz vor den Augen, aber wenn man steht, hat man's geschafft. Enger geht es nicht. Ich stehe neben ihr und fahre in die weite Hose, die meine Breite nicht belästigt. Sie hat mittlerweile den Reißverschluß hochgezogen. »Normalerweise«, sagt sie »trage ich so einen Elastikslip, dann geht es sowieso einfacher…«

Ich denke an die Generation meiner Mutter: Um den Busen schnürt der Büstenhalter, das Halb- oder Ganzkorsett schließt sich an, natürlich wird das heutzutage nicht mehr mit Fischbein gemacht, sondern aus einem Stretchmaterial, bei dem eine Frau nicht merken soll, wie sehr ihre Mitte eingeschnürt wird, wenn sie sich hinsetzt.

Aber wer viel sitzen muß, merkt es: Kreislaufstörungen, Atemnot, Herzbeschwerden, das Kunststoffgewebe verursacht Allergien, Schweißausbrüche, Hämorrhoiden. Ich habe einmal in einer Fabrik gesehen, wie ein Sanitäter einer Frau, die einen Herzanfall hatte, das Mieder aufschnitt. Als sich der Körper so langsam den Raum nahm, den er eigentlich immer haben müßte, dachte ich traurig an die Mode in arabischen Ländern, bei der es schön ist, breit und fließend zu sein.

In der Stadt schaue ich oft auf die Füße der Menschen: Massige Körper taumeln über winzigen, engen Schuhen. Schwere Hinterteile treiben kleine Füße gnadenlos voran. Im Stehen schwanken die Gestalten über verschlungenen, fast verknoteten Beinen, die Arme werden noch einmal vor dem Körper verschränkt, Standbein-Spielbein-Stellung: Wenn ein Fuß müde wird, kommt der nächste dran, hin und her, vor und zurück. Müde Füße, Krampfadern, verkrampfte Gesichter. Gekrümmte Rücken, verbogene Nacken.

Und dann wundern sich alle, warum der Rücken schmerzt, warum die Füße brennen, Hühneraugen pochen, Fersen Blasen haben. Das ist die subtile Gewalt der Mode, die breite Füße einschnürt. Ach was, wir schnüren doch unsere Füße nicht ein! Wir tragen, was uns gefällt…

Es gefällt uns, die Vaginamuskeln den ganzen Tag anzuspannen, weil die Absätze so hoch sind, daß wir, leicht im Hohlkreuz mit den Innenmuskeln der Schenkel und mit den Muskeln des Geschlechts- und Bauchbereiches, das abfangen müssen, was unsere breiten, starken Sohlen nicht tragen dürfen. Und wenn schon, das strafft die Muskeln in der Vagina, dann wird sie enger, und »der Mann hat mehr davon«. Aus demselben Grund wurden den chinesischen Frauen die Füße eingebunden, sie sollten verkümmern, damit die Frauen nur noch trippeln konnten. Trippeln können wir genauso gut.

Wenn ich mit meiner Tochter durch die Straßen gehe, diskutieren wir oft die Aufmachung der Frauen. »Die kann gar nicht gehen, schau mal, wie eng der Rock ist! Und die Absätze! Wenn sie nicht so einen engen Rock anhätte, könnte sie die Schuhe als Waffe benutzen«, sagt sie. Und von einer anderen: »Der trau' ich zu, daß sie die Schuhe einfach auszieht. Schau mal, wie praktisch, der Rock hat einen Reißverschluß...« Von einer ganz jungen, hübschen Frau sagt sie: »Wenn die nicht so eine schlabbrige Hose anhätte, wäre die unheimlich schön, findest du nicht? Andererseits fällt sie so wahrscheinlich den Männern nicht auf, die sie vielleicht anmachen möchten.«

Meine Tochter hat einen Selbstverteidigungskurs für Frauen besucht. Sie beginnt, Lust und Risiko gegeneinander abzuwägen. Sie liest mir aus der Zeitung vor: Ein elfjähriges Mädchen hat einen Vergewaltiger mit einem Judogriff über die Schulter geworfen und sich damit gerettet. Eine Karatekämpferin hat sich gegen einen Vergewaltiger nicht gewehrt, obwohl sie fähig gewesen wäre, sich wirksam zu schützen. »Ist es Gewalt, wenn du dich wehrst?« fragt sie kopfschüttelnd.

Vielleicht hätten wir Frauen weniger Hemmung, unsere Körper als Heiligtum zu verteidigen, wenn uns der Alltag das Gefühl eines Heiligtums überhaupt gestatten würde. Die Entwürdigung fängt nicht erst beim Frauenarzt an, aber spätestens dort geht sie uns in Fleisch und Blut über. Auf rauhem Papier, Unterkörper nackt, müssen wir uns präsentieren, die Situation ist einer Peep-Show nicht unähnlich. Sprechstundenhilfen und Ärzte gehen vorbei. Der Körper kühlt aus, den Blicken hilflos ausgesetzt, Wut steigt in uns auf, Röte ins Gesicht. Die Beine liegen in Metallhaltern, bekleidet kommt der Arzt herein, natürlich. Dieses demütigende Warten, dieses innere Fluchen, Schlucken. Jetzt geh ich aber! »Bleiben Sie, der Doktor kommt gleich!« – »Machen Sie sich frei!«

Wir wagen kaum einmal, Widerspruch einzulegen, lassen uns Spritzennadeln hineinjagen, lassen uns punktieren, schneiden, schaben, zwicken, wir schlucken Schläuche, lassen uns Kanülen in alle Öffnungen schieben. Das alles geschieht meistens, ohne daß wir lebensbedrohlich krank wären. Beim Zahnarzt gehört es sozusagen zur Standardtortur, diverse Bohrer, Spritzen und Nadeln im Kopf zu ertragen.

Kinder lassen sich das nicht so ohne weiteres bieten. Sie trauen weder dem Arzt noch der kollaborierenden Mutter. Von ihnen können wir wieder lernen, wie man Widerstand leistet. Ist es Zufall, daß die Sprache der Inquisition heute noch die Sprache der Medizin ist, und das, obwohl viele moderne Industriezweige ganz ohne Latein auskommen? In der Schweiz wird von Frauenärzten ganz offen und immer häufiger bei Frauen der »Vierziger-Service« gefordert, das heißt mit vierzig Jahren Totaloperation, da die Frau ja »zu ihrer Identität die Gebärmutter und die Eierstöcke nicht braucht«, während der Gynäkologe zu seiner Identität als solcher diese Operationen sehr wohl braucht.

In dieses Bild paßt, daß man den Frauen die »lästige« Menstruation wegnehmen will. Der deutsche Gynäkologe Dr. Prinz fordert die Pille, die der Frau nur noch eine Blutung im Jahr (damit sie fruchtbar bleibt) läßt, dann fallen der Menstruationsstreß, die Aggressionen und Spannungen vor der Menstruation weg. Die Frauen werden dann pflegeleichter, für Männer einschätzbarer, erträglicher. Erinnert das nicht irgendwie an die Klitorisbeschneidung in Afrika?

»Ich finde, die Gewalt der Zivilisation hat etwas mit dem Verlust des Instinkts zu tun«, sagt meine Schwester, die in London lebt. »Als die U-Bahn-Station Charing Cross brannte, sind die Menschen wie die Lemminge massenhaft weiter mit der Rolltreppe in den brennenden Bahnhof hinuntergefahren, obwohl Rauch herauskam und sie den Brand riechen konnten. Niemand ist umgekehrt.«

Haben wir keinen Riecher mehr? Oder geben wir einfach zu wenig auf die Gefühle, die uns sagen, »den kann ich nicht riechen« oder »die Sache stinkt«? Der Geruchssinn wird in unserer Kultur nicht nur am wenigsten gepflegt, er wird durch Nikotin, durch Abgase und ständige Erkältungskrankheiten zerstört. Dabei ist der Geruch die Pforte zur Welt. Neugeborene können die Vertrautheit ihrer kleinen Welt am Geruch erkennen. Riechend finden sie die Mutter. Ihr Geruchssinn ist am stärksten ausgebildet.

Oft haben wir den Riecher, den Instinkt, wagen aber nicht, ihn einzusetzen. Wer sagt schon zu einem ungebetenen Gast: »Ich freue mich überhaupt nicht, dich zu sehen, bitte geh wieder!« Während Hunde beißen, sobald ihr Intimbereich gestört wird, nehmen Menschen jeden Angriff hin, der ihren Schutzraum verletzt. Wer die Arme vor dem Magen verschränkt, sollte sich eigentlich mehr Raum schaffen, sollte die Diskussion abbrechen, sein Unbehagen ausdrücken. Die Höflichkeit verbietet, bei einer Unterhaltung zu sagen: »Das interessiert mich nicht.«

Aber der Körper ist ehrlich: Arme und Beine werden verschränkt, Zähne aufeinandergebissen, die Kiefer pressen gegeneinander, die Gesäßmuskeln werden zusammengezogen. Angst ist dabei ein wichtiger Faktor. Wie kann ich ehrlich sein und meinen Körperempfindungen folgen, wenn ich Angst haben muß, bei einer ehrlichen Reaktion die Arbeit zu verlieren? Die Verstrickungen der zivilisatorischen Umgangsformen können nur behutsam gelöst werden, aber manchmal ist es schon eine kleine Revolution, wahrzunehmen, was ist...

Es gab eine Zeit, da begann jede Heilung bei der trauernden Seele, da hießen die Stätten der Heilung noch nicht Krankenhaus, und der Heilungsprozeß hieß nicht »Kampf gegen die Krankheit«. Da wurde gesungen und getanzt. Geträumt wurde, denn in Träumen offenbarte sich die Seele, zeigte ihr Leid, und die Krankheit konnte herausgelesen werden. Unsere Kultur hat die Traumzeit verloren. Tagträumende Kinder werden ermahnt, vernünftig zu sein.

Tom ist Orthopäde. Er lebt mit seiner Frau in Afrika, wo sie an einem wissenschaftlichen Institut Hungerforschung betreibt. Zweimal im Jahr fährt er nach Amerika. Seine Patienten bezahlen ihn gut. Er ist ein unumstrittener Fachmann auf dem Gebiet der Rückgratschäden. Alle jene Patienten, die ihm zwei Flüge pro Jahr und Honorar bezahlen, hat er vor dem Messer gerettet.

»Es ist unglaublich«, sagt er, »viele Patienten laufen jahrelang mit schweren Rückenschmerzen herum, aber sie würden sich lieber operieren lassen, als jeden Tag ein wenig Körperübungen zu machen. Ich habe jahrelang gebraucht, bis ich meine Patienten davon überzeugen konnte, daß gut funktionierende Muskeln fast alle Haltungsschäden und die daraus resultierenden Schmerzen auffangen können.«

Den Körper nehmen wir eben nicht wahr. Er muß funktionieren. Der Kopf diktiert, der Körper gehorcht. Und eines Tages ist Revolution. Da streikt der Rücken oder der Magen.

»Im Magen könnten wir mehr Basen vertragen und in der Vagina mehr Säuren«, sagt meine Freundin. Sie muß es wissen, sie ist Gynäkologin. »Bei Frauen«, sagt sie, »streikt zuallererst das Unterleibsklima. Die meisten Frauen nehmen das aber gar nicht wahr. Sie haben keine Ahnung von der Beschaffenheit des Schleims in der Vagina. Dabei könnten wir Eisprung und bevorstehende Menstruation problemlos daraus ablesen.« Sie meint, daß die meisten Frauenkrankheiten, wenn es sich nicht um klassische Geschlechtskrankheiten durch Ansteckung handelt, Sorgen sind, die aus der Seele in den Bauch kriechen. Dort produzieren sie Schmerz, Verkrampfung, Anfälligkeit für Entzündungen und Juckreiz.

Fünfzehn Frauen sind zu einem Tanzseminar gekommen. Beim Essen, guter Laune und schon etwas außer Atem, diskutieren wir Schönheitskriterien. Einige der älteren Frauen tragen enge Miederhosen. »Warum zieht ihr sie nicht aus?« frage ich. »Weil man dann das ganze Fett sieht«, ist die Antwort. »Aber das spielt doch keine Rolle.« Erst gegen Ende des Wochenendes wird die Lust zur Bewegungsfreiheit stärker. »Wir sind ja unter uns«, meint eine Frau – unter uns Frauen, im Schutzraum. Jetzt gelingt es sogar, die Schönheitsoperationen der Schauspielerin Cher zu veralbern.

Wir haben gut lachen. Schönheitsoperationen sind eine Qual. Aber Millionen von Frauen unterwerfen sich dieser Qual lieber, als so auszusehen, wie sie geboren sind. Sie akzeptieren Operationskomplikationen, Wundschmerz, monatelange Beschwerden, nur um »besser im Rennen« zu sein. Im Rennen auf was? Oder wen?

Bauchfett wird wegtranchiert, Gesichtshaut wie ein alter Lappen gestrafft und seitlich wieder befestigt. Was ist dagegen eine Klitorisbeschneidung?

Und wir tun noch viel mehr, Kleinigkeiten, scheinbar selbstverständlich.

Wir gießen uns heißes Wachs über Arme und Beine und reißen es mit den Haaren zusammen wieder weg. Wir reißen einzelne Härchen aus den Augenbrauen, atmen giftige Dämpfe von Haarsprays und Nagellacken ein, schmieren uns dioxin- und lindanhaltige Fette ins Gesicht, hungern uns dünn.

Schlankheitskuren werden zum neuen Lebenssinn: die Kur mit Ananas, die Kur mit Fleisch, die Hollywoodkur, die Fettkur, die Eierkur, die

Semmelkur. Jede und jeder schwört auf ein anderes Rezept. Vertuscht werden soll damit nur eins: Ich habe zuviel gefressen, und jetzt muß ich es aus gesundheitlichen oder ästhetischen Gründen wieder rückgängig machen. Die Haut wird gedehnt und wieder gelockert, der innere Haushalt wird zuerst auf die eine, dann auf die andere Art strapaziert. Es ist wie ein irrsinniges Karussell, aus dem wir nicht aussteigen können.

Warum tun wir das alles? Warum haben wir das Gefühl für unser inneres Gleichgewicht so sehr verloren? Esoterische Gurus versuchen uns weiszumachen, daß Fasten notwendig ist, um den Körper zu reinigen. Sicher, es kann ganz schön sein, einmal weniger zu essen, vielleicht sogar zu fasten. Aber sollten wir nicht viel mißtrauischer mit der Idee umgehen, die hinter dem Fasten steht: In einem gesunden Körper steckt ein gesunder Geist. An der Hauswand der Schule meiner Tochter steht: *Mens sana in Campari Soda*. Wenn wir fasten, schüttet der Körper nach einigen Tagen Morphium aus, das für Notsituationen vorgesehen ist. Das gibt uns so ein Gefühl von Glück und Losgelöstheit, zerstört aber gleichzeitig auch Gehirnzellen. Und machen wir uns nichts vor: Wirklich sauber und rein wird unser Verdauungstrakt auch mit Hunderten von Einläufen niemals, solange wir leben. Wer lebt, produziert Scheiße. Es wäre gut, sich damit einfach abzufinden und die Gelöstheit in der Gelassenheit zu suchen. Denn die Gewalt beginnt, wo die Langsamkeit des Lebens endet.

Die Frauen im Tanzseminar mustern sich verstohlen. Sie haben, wie vorgeschlagen, bequeme Kleidung mitgebracht. Wir arbeiten uns am Körper hoch. Zuerst der Stand: für den Widerstand. Wie könnten wir auch Widerstand leisten, wenn wir nicht stehen können. Wir stampfen, die Sohlen breit auf der Erde. Die Arbeit ist lustvoll, es wird viel gelacht. Alles hat Hand und Fuß. Und Rückgrat. Breiter Stand öffnet die Lippen der Vagina sanft. Läßt eine Art Atmung zu, zur Erde hin. Ungewohnt. Verlegenes Lächeln, Seufzen.

Wir schwingen die Hüften, stehen breiter, gehen tiefer. »Das kann ich nicht machen, das hat was mit Liebe zu tun«, sagt eine Frau. »Ja, das hat es«, antworte ich – »mit Liebe zu mir selbst!« Wir stampfen. »Eigen-Macht.« Sinnlichkeit entdecken, ganz für mich allein. Den Hintern raus strecken, nur für mich, dafür daß die Lippen sich öffnen für nichts und niemand. Ungenutzt verstreichen träge Momente von Sinnlichkeit, Schlangenbewegungen ins Kreuz drücken, um zu spüren, daß die Wirbelsäule kein Stock ist, sondern in sich beweglich. Beim Hüftenschwingen vor und zurück leises Lachen. Das ist ja wie...

Die Hände beginnen, den Körper zu erkunden, Handflächen befreunden sich mit Fußflächen. Die Lippen küssen die Schultern – seltsam ungewohnte Bewegung. Wir schlängeln uns aus der Folterkammer Zivilisation davon, am Ausgang ist der Code lustvolles Lachen. Mit der Haut hören! Mit dem Mund fühlen! Wie breit die Schultern sind! Wie weich die Bäuche! Breit werden wie ein Pfannkuchen! Auf dem Boden rollen vor Lachen! Keine zieht jetzt mehr den Bauch ein. Das Fest der Lust ist ein Fest der Befreiung.

»Wollt ihr nicht endlich die Uhr abnehmen?« frage ich. »Wieso denn die Uhr? Die bin ich doch so gewohnt.«Die Uhr am Arm: Exekution der Zeit am Körper, Schlag für Schlag; schneller, als das Herz antworten kann, wird die Lebenszeit zerfetzt, zerrissen, aufgelöst, Tag um Tag, Nacht um Nacht. Die Uhr bestimmt das Tempo, die Hetze, den Streß. Wer befiehlt über meine Zeit? Das Leiden unserer Zivilisation hat einen exakten Fahrplan. »Ihr habt Uhren«, sagt ein afrikanischer Freund. »Wir hingegen haben Zeit«.

In unserer Kultur kommt Qualität von Qual, und das Leiden liegt uns im Blut. Nicht umsonst wird das Leiden eines Menschen mit dem »Leiden Christi« gleichgesetzt. Leidend liebt uns Gott, leidend akzeptieren uns die Psychoanalytiker. Leidend finden Frauen zueinander, und weinend schließen sie Bündnisse. Schluchzend erzählen sie sich ihr Leid und fühlen sich geborgen. Im Schmerz erkennen wir uns – in der Lust sind wir uns fremd. Wer wagt es, auszusteigen aus der Strategie des Leidens?

AFRIKA

(In der Fremde)

GRIGRI

TUNIS. Jahreswende. Ich stehe in einer Gruppe von gut zweihundert Leuten am Schalter der Air Algerie. Alle Flüge nach Algiers sind tagelang ausgebucht. Wie soll ich nach Algerien kommen? Wenn mich irgendwelche Männer fragen, wo ich hin will, wende ich mich ab. Verschanze mich hinter meinem Fremden-Status.

Gegen Abend, ich sitze zwischen verschleierten Frauen und erörtere mit einer in gebrochenem Französisch, ob es Sinn hat, mit dem Zug zu fahren – sie rät mir energisch ab – kommt ein junger Mann schüchtern zu mir: Ich denke, Sie wollen auch nach Algiers? Ja? Es gibt eine Sondermaschine, aber Sie müssen schnell Ihr Ticket im Büro abgeben. Schnell! Ja, in welchem Büro denn? Er läuft mit mir zum Büro, gibt mein Ticket ab, erklärt für mich. Um zehn Uhr abends hebt die Maschine ab. Für meinen Geschmack ist sie etwas überladen, aber es geht. Gebete werden gemurmelt, ein Baby kotzt mir aufs Knie, ich lächle. In einer Stunde werde ich in Algiers sein, und morgen, wenn alles gut geht, in Djanet, einer Oase an der libyschen Grenze.

ALGIERS. Müde schieben wir uns durch den Zoll, inzwischen fast schon befreundet, lächeln und nicken uns zu. Kurze angespannte Aufmerksamkeit: bei der Devisenerklärung darf man nichts falsch machen, sonst hat man die ganze Zeit nur Ärger. Ich trinke einen Kaffee, atme erleichtert auf, daß alles gut gegangen ist. Mein Paß und mein Geld sind weg. Verdammt. Gestohlen. Ich laufe wie ein aufgescheuchtes Huhn durch eine Halle. Ein alter Mann kommt ruhig auf mich zu, streckt mir Paß und Geld hin. Er hat's am Devisenschalter gefunden. Ich schäme mich. Immer gleich das Gemeinste von den Leuten denken!

Mein Flug geht erst um sechs Uhr morgens. Es gibt keinen Bus mehr in die Stadt, und außerdem kann ich mir kein teures Hotel leisten.

Als ich gerade den Artikel von Harry Rowohlt über Kuba in der ZEIT auf dem Boden ausbreite, um darauf zu schlafen, kommt ein abgerissener Typ auf mich zu: Madame, vous êtes française? – Nee, sag ich, Deutsch. – Ah! Allemande! Très bien. Ça va? – Ja, sag ich, Ça va. Geht schon.

Was will der Penner von mir? Er läßt nicht locker. Lädt mich auf einen Kaffee ein, erzählt mir, wie schön Algerien ist (weiß ich, sag ich mürrisch) und wie schrecklich das sündige Europa. Was ist denn so sündig? Ach, daß sich Männer zum Beispiel lieben, das ist alles gegen Gottes Willen. Ich sage: Mann, laß mich bitte in Ruhe, ich bin müde. Und, sagt er, ein Freund von mir war in einem Lokal in Köln, da war eine nackte Frau, die rief alle Gäste auf: Zieht euch nackt aus, das ist doch viel schöner so.

Ich muß lachen.

Später gehe ich durch die Halle, vorbei an schlafenden Frauen, Kindern, Hühnern, vorbei an debattierenden Männern, vorbei an Europäern, die mit ihren Schneckenhäusern ihren Entwicklungsdienst antreten wollen.

Ein Baby schreit wie am Spieß. Es schreit die ganze Nacht, die französische Mutter, die noch zwei Kinder herumliegen hat, sieht so aus, als würde sie das Baby durch die Scheibe werfen, wenn nicht soviele algerische Mammas zuschauen würden. Sie und ihr bleicher Mann sind mit drei Umzugskisten unterwegs. Ich kann meinen Freund davon überzeugen, daß ich auf meiner Zeitung gut aufgehoben bin. Die ganze Nacht patrouilliert er vorbei. Manchmal höre ich ihn, aus einem weiten Traum auftauchend, murmeln: »Elle est allemande.« So wie man einen Arzt in der Intensivstation wahrnimmt. Ich schlafe so gut wie selten.

Um halb fünf werde ich wach und will mir ein Ticket kaufen. Mein suchender Blick gleitet von einem Schalter zum anderen. Als an einem Schalter etwa vierzig Menschen stehen, ist mir klar: auch dieses Nadelöhr bleibt mir nicht erspart.

Ich lerne in diesen Tagen, daß es gut ist, keine Geheimnisse zu haben: je mehr Menschen dein Problem kennen, umso schneller wird dir geholfen, vorausgesetzt, die Leute finden dich nett.

Mein Freund taucht auch wieder auf, blaue Schatten unter den Augen, unrasiert, Parka, verstrubbelte Haare. Oh Mann, sage ich, nicht schon wieder die Allah-Tour! »Viens, viens«, sagt er. Ich stehe auf, pack meine Zeitung ein (wer weiß, wo ich noch schlafen muß, schließlich hab ich weder Decke noch Schlafsack). Er schiebt mich in den vorderen Klumpen am Schalter und singt monoton: Cam'rade cam'rade! Ich sage verzweifelt: Halt dich bitte raus, du machst alles nur noch schlimmer. Aber es scheint nicht zu stimmen. Der Schalterbeamte nimmt mein Geld und schreibt ein Ticket aus. Noch fünf Minuten bis zum Abflug. Das Ticket kostet 320 Dinar. Ich hab ihm vierhundert gegeben. Um mich herum murmeln die verzweifelten Fluggäste – vielleicht wollen sie alle noch mit meiner Maschine mitfliegen? – Quatrevingt! Das wäre der Rest, den er mir geben soll. Ich würde ja sogar ohne Wechselgeld gehen, aber er gibt mir das Ticket noch nicht. Er greift zur elektronischen Rechenmaschine und tippt den Preis und den ausgehändigten Betrag ein. Heraus kommt 45,3333333. Verdutzt schüttelt er den Kopf, tippt noch einmal alles ein. Die Leute raunen: Quatrevingt! Aber der Rechner bringt das gleiche Ergebnis wieder. Es leuchtet ihm ein, daß das unmöglich stimmen kann, er zählt mein Geld nach. Mein unrasierter Freund reißt ihm das Ticket aus der Hand. In dieser Minute müßte die Maschine abfliegen. »Quatrevingt!« ruft er sanft. Der Beamte greift sich achtzig Dinar. Wir sind frei. Ich will laufen, aber mein Freund schüttelt den Kopf. Wir gehen langsam. Ich könnte ihn umbringen.

Wir gehen durch die Sperre. Er auch. Er winkt einem Wagen. Ich muß einsteigen. Wir fahren zur wartenden Maschine. Er ist der Chef vom Zoll. Im Auto erzählt er, daß er früher beim Patrouillendienst in der Wüste war, da hätten sie manchmal Touristen erschreckt und sie nach Haschisch durchsucht. Er gibt mir einen zarten Kuß auf die Wange. Ich steige ein. Der Pilot fliegt besser als der Schalterbeamte rechnet, und die Maschine landet nach dreieinhalb Stunden in Djanet. Nicht mal ein Kamelsandwich mußte ich essen.

DJANET. Das Flugzeug setzt mich irgendwo zwischen Sanddünen und Bergen ab. Ein paar Einheimische stehen mit mir auf dem Sand herum. Kein Flughafengebäude, kein Tower, keine Halle, nichts. Einfach eine asphaltierte Straße, vielleicht vier Kilometer lang, rundherum Sand und ein paar schiefe, völlig leere Blechhütten mit Tür- und Fensterlöchern.

Die Einheimischen winken mich rüber, fordern mich auf, in einen kleinen grauen Bus zu steigen.

Wird schon alles gut gehen. Die Sonne wird langsam heiß, die Luft ist staubig. Alles ist besser als hier herumzustehen. Kaum sind wir einen Kilometer gefahren, werden wir von einem Polizeiwagen gestoppt. Selbstverständlich muß nur ich aussteigen. Meine Tasche wird durchsucht. »Wo ist denn ihr Gepäck?« fragt der Bulle auf französisch. Ja, das frage ich mich auch. Das fährt irgendwo in einem Landrover durch die Wüste, aber fragen Sie mich bloß nicht wo, sage ich. »Und wo wollen Sie in Djanet wohnen?« fragt er. Alle starren mich an. Ich habe keine Ahnung. Der Busfahrer drängt auf Weiterfahrt. Ich denke: die werden mich doch nicht hier mitten in der Wüste stehen lassen?

In leichter Panik schnappe ich mir meine Tasche und winke, während ich einsteige.

Das scheint in Ordnung zu sein. Wir fahren.

Das Hotel »Zeriba« ist eine Ansammlung von rostigen Bettgestellen, die durch eine Bastwand voneinander getrennt sind. Selbstverständlich kann man überhaupt nichts abschließen, aber wozu auch. Der Wind weht durch die staubigen Stoffetzen am Fenster sanft herein, wird von Stunde zu Stunde kühler. Im Bastgeflecht tummeln sich Kleintiere. Das Bett ist weich und das Bettzeug wird seit Jahren einmal monatlich durch einen Eimer kaltes Wasser gezogen. Mehrere Frauen haben hier menstruiert, ganz zu schweigen von anderen Aktivitäten, die sich dekorativ auf dem Bettzeug niedergeschlagen haben.

Der Boden besteht aus festgestampfter Erde. Ich liege auf dem Bett und trinke den Rotwein, den es zwischen München und Tunis im Flugzeug zum Essen gab. Die Tür wird aufgeschoben. Ein etwa sechzehnjähriger Junge kommt herein und grinst. »Ça fait froid?« fragt er. Es geht so, sage ich, wo ich herkomme, ist es noch ein bißchen kühler. Er nickt verständig. Ça fait froid au lit, sagt er. Nee, sag ich, das Bett ist schön warm, danke. Und dann versteh ich ihn erst. Ich muß lachen. Verbrenn dir bloß nicht die Finger und andere Körperteile, denke ich.

Außer mir gibt es keine Gäste hier. Wahrscheinlich hat er Langeweile. Er will einfach nicht gehen. Hopp, sage ich, lauf zur Mama, Kleiner und nerv mich nicht. Vous êtes nerveuse, Madame? fragt er. Noch nicht.

Als ich gegen sechs Uhr abends auf den Markt gehe, weiß ich plötzlich wieder, warum es die Wüste sein *muß*. Da ist dieses sanfte goldgelbe Licht, es staubt über den Kamelen und über den verschleierten Männern und noch mehr, wenn Militärlastwagen durchrauschen.

Der Händler steht hinter seiner Ladentheke und schaut mit seinen kranken Augen heraus zu mir. Seine schwarzen Haare sind mit Fett nach hinten gekämmt, dicht bis zum Nacken locken sie sich. Du pain? Du beurre? frage ich vorsichtig. Er schaut weg, scheucht träge eine Fliege fort. He. Vous avez du pain? Er schaut durch mehrere andere Kunden hindurch und reagiert nicht. Blödes Arschloch, denke ich und mache einen Fehler, den ich mir trotz wochen-/monatelanger Übung nie ganz abgewöhnen kann: ich habe es eilig.

Darauf reagiert er nämlich noch sturer. Nach guten zwanzig Minuten wirft er plötzlich übergangslos ein Päckchen Butter auf den Tisch. Keine Ahnung, von wo er das her hat. Ich werfe ebenso wortlos einen Zehner (10 Dinar) auf den Tisch. Lächelt er?

Auf dem Markt gibt es Orangen und Brot. Meine Nahrung die nächste Zeit.

Ich verdrecke langsam. Von meinem Freund, dem Landrover und meinem Gepäck keine Spur. Barfuß laufe ich aus der Oase. Ich habe es schon lang aufgegeben, mein Geld und meine Handtasche mitzunehmen. Soll doch einer alles klauen! Durch ein ausgetrocknetes Wadi (seit zwanzig Jahren hat es hier im Tal nicht mehr geregnet) verlasse ich die Lehmhütten, die Blechhütten, die Palmengärten. Weiter draußen steige ich auf einen Felsenberg, auf dem es Gravuren geben soll. Ich finde mehr, als ich verstehen kann. Ein eingravierter Zauber hält mich in seinem Bann, als sich eine Hand auf meine Schulter legt.

ABDU. Haben wir uns nicht gestern abend auf dem Markt gesehen? Ja. Es ist nicht gut, allein in die Berge zu gehen, noch dazu barfuß und ohne Proviant.

Danke. Ich kenne mich aus und bin's gewöhnt zu laufen.

Die Wüste ist etwas anderes, sagt er. Wir teilen meine Orangen.

Die Frauen kommen aus ganz Europa und Amerika, um mit Tuaregmännern zu schlafen, sagt er. Ich nicht, sage ich. Ich kann dich führen. Gut. Aber keine Annäherungen.

Wir trinken in seiner Hütte Tee. Sie liegt neben den Palmengärten. Abdu erzählt die Geschichte seiner Familie: sein Stamm besitzt viele Kamele. Einmal im Jahr treiben sie alle Kamele mit mehreren Helfern aus der Wüste zusammen und zählen sie. Dann machen sie eine Karawane nach Mali, um Salz zu holen.

Ist es nicht ein entbehrungsreiches Leben?

Warum? Wir haben, was wir brauchen: Wir haben Ziegen, Käse, Butter, Kamele, dafür tauschen wir Hirse und Brot und Datteln ein. Wenn wir das Salz holen, bekommen wir wieder viele andere Waren dafür, Stoffe, Leder, Tee, Radio, Fernseher usw.

Er zeigt mir Fotos. Das sind die englischen Damen. Und das ist die deutsche Diplomatengattin mit ihrer Tochter vom Starnberger See. Sie kommen schon das dritte Mal zu mir. Ich führe sie aufs Tassili-Plateau!

Wer wohnt in den Blechhütten? Das sind Tuareg, die die Regierung seßhaft macht, sie bekommen klimatisierte Häuser und einen Palmengarten.

Findest du das gut, Abdu?

Ich freue mich jedes Jahr darauf, wenn wir mit der Karawane losziehen. Seit ich zwölf war, bin ich immer durch die Wüste gezogen. Früher waren wir Nomaden. Es ist wunderbar, nachts vor dem Zelt zu liegen und die Sterne anzuschauen.

Ja.

Abdu muß einem Onkel Nahrungsmittel aus der Oase bringen, und ich darf ihn begleiten. Der Kamelsattel ist aus Holz und entsprechend hart.

Drei Kamele tragen Lasten, sie werden von einem kleinen Jungen geführt.

Abdus Schwester Haani sammelt Holz. Sie zeigt mir Teekräuter, die wir unterwegs pflücken: eine Art Thymian. Diese Kräuter mit Tuaregtee vermischt geben einen wunderbaren würzigen Tee. Gegen zwölf machen wir unter einem Tamariskenbaum Rast. Es gibt Tamarisken und Zedern hier, die bis zu sechstausend Jahre alt sind. Diese wird wohl so alt nicht werden. Die Kamele stürzen sich sofort auf alles, was grün und stachelig ist und fressen sich durch den Mittag. Abdu bindet ihre Beine vorn zusammen, damit sie nicht zu weit laufen können. Der Tee wird in der kleinen Kanne aufgekocht, umgeschüttet, wieder aufgekocht.

Wie ist Paris? fragt Haani. Ich mache eine Grimasse. Sie lacht. Ich will nach Paris, sagt sie. Das ist das Größte hier. Alle wollen nach Paris.

Ahmed war da, sagt Abdu. Er hat sein ganzes Geld in der ersten Nacht in einer Boîte de nuit durchgebracht. Aber er sagt, es ist toll.

Paris!

Über uns dehnt sich ein heller Himmel aus, kein Lärm, kein Flugzeug, keine Autos, keine Sirenen, einfach Weite und Stille, das Knirschen der Tamariskenstacheln in den Kamelmäulern.

Das Feuer ist nicht mächtig wie Feuer, die bei uns gemacht werden. Es wird nur von ein paar kleinen dürren Zweigen gespeist und liebevoll immer wieder angefacht.

Der Onkel begrüßt uns begeistert. Die Kinder stürzen sich auf mein Kamel und mich, zwei Kinder werden hinter mir auf das Kamel gesetzt und reiten mit zurück zur Oase. Haani und ihre Cousine singen hoch und zart ein Lied. Zwischendurch lächeln sie mich schüchtern an. Ein kleiner Junge hat sich aus Saftdosen ein Auto gebaut, das er mit einem Stock anschiebt. In der Oase fängt er mit anderen Jungs ein Wettrennen an.

Der Zauberer. Wir müssen früh am Morgen gehen, nachdem der Muezzin gerufen hat.

Die Stimme tönt blechern über die Straßen. Es ist sehr kühl. Die Kinder strömen von allen Seiten zur Schule, Bücher und Taschen unter dem Arm. Sie laufen schnell, um warm zu werden. Einige sammeln sich in den ersten Sonnenstrahlen. Auf dem Hof der Koranschule sammelt ein Lehrer die Kinder um sich. Sie sitzen auf der gestampften Erde und lesen zusammen etwas aus dem Koran. Abdu geht schnell an meiner Seite, das heißt: ginge er wirklich schnell, so würde ich ihn nicht einholen. Auch bei der Wanderung zu seinem Onkel ist er schnell und gleichmäßig gegangen. Vermutlich ist er auf die Dauer schneller als ein Auto, das im Sand immer wieder hängenbleibt.

Es ist Vollmond, das ist nicht schlecht für uns, sagt er. Der Zauberer wohnt in einem Haus im alten Teil der Oase, wo ich nur eintreten darf, weil mich Abdu bringt.

Die Frauen der Nachbarschaft mustern mich feindselig. Auf der Tür des Zauberers ist ein Drudenfuß und ein Hahnenkopf gezeichnet. Das Haus ist aus Stein gebaut und kühl. Zwei Matratzen mit Decken liegen auf dem Boden, zwei kleine Teppiche davor und dies mit Plastikfolie bedeckt.

Der Zauberer hat einen Fernseher und ein Telefon. Das Telefon klingelt sogar. Wenn man bedenkt, daß es in Djanet nur das öffentliche Telefon gibt! Außerdem hat er ein altes Buch, in dessen dickem Deckel er sein Schwarzgeld und Haschisch aufbewahrt. Es wird viel gekifft. Auch mir bietet er erst mal einen Joint an. Ich rauche mit. Er ist vom Stamm der Haussa und spricht nur Tifanagh, die Tuaregsprache – Abdu übersetzt. Ich möchte einen *grigri*, sage ich.

Er lächelt. Ich kann entweder einen trinken, den würde er aus verschiedenen Flüssigkeiten, über ein Brett getropft in einer Schale gesammelt, machen, und ich müßte dann diesen Zaubertrank wieder auf das Brett geträufelt von dort ablecken. Aus verschiedenen Gründen bin ich dagegen. Also macht er mir ein Pergament mit einem Spruch, versetzt mit Öl, Wurzelpulver und Kräutern. Er spricht mit mir. Ich spreche mit ihm. Abdu haben wir vergessen. Das Telefon läutet. Aus einem anderen Raum kommt ein anderer Tuareg und vereinbart eine Autofahrt zum Hoggar.

Den zweiten Teil des *grigri* erfüllt der Schmied. Er schmilzt einen Maria-Theresia-Taler – die immer noch bei den Tuareg in Libyen und Algerien Zahlungsmittel sind – und macht daraus ein Silberblech, in das er magische Muster stanzt.

Der *grigri* wird in das Silber eingelötet und an eine schwarze Schnur gehängt. Fertig.

Es ist ein *grigri*, der Wünsche möglich macht; aber er ist gefährlich, denn du mußt wissen, was ein Wunsch nach sich zieht. Du mußt die Verantwortung für deine Wünsche übernehmen, sonst beginnt der *grigri* dich zu beherrschen. Am Rande kriege ich mit, daß Abdu sich auch einen *grigri* machen läßt. Als er seinen Wunsch erklärt, begreife ich, daß er einen *grigri* braucht, der mich gefügig macht. Ich sage: Abdu, vergiß es, das Geld kannst du dir sparen.

WEIL VOLLMOND IST und mich das Schicksal kitzelt, will ich nachts hinausgehen in den Sand und den *grigri* des Zauberers ausprobieren. Am Spätnachmittag gehe ich mit zwei Wasserflaschen und einem Kilo Orangen los. Der Sand ist heiß und nachgiebig unter meinen Füßen, als ich im Flußbett aus der Oase hinauslaufe. Hinter den Palmengärten weht die Fahne vom Grab des Marabut. Dann kommen die Felsen mit dem Augenstein und dem Zauber und das Felsplateau mit den vielen Fußabdrücken und der Sonne. Dahinter der Felsen mit dem eingravierten Elefanten und den vielen Abfällen. Ein verschleierter Mann kommt mir mit drei Kamelen entgegen. Er schaut sich nicht nach mir um. Auf meiner feuchten Haut fühlt sich der *grigri* kühl an. Ich lasse den von einer Mauer umfriedeten Platz des Restaurantbesitzers vom *Jardin* zurück, auf dem Flüchtlinge aus Mali leben, die mir immer winken und zulächeln, wenn ich vorbeigehe. »Ich arbeite jetzt ein Jahr hier, aber ich träume von Mali«, sagte Saidu einmal zu mir. »Und eines Tages werde ich nach Hause gehen.« Gehen, sagt er. Und meint gehen, mit einer Karawane, die nach Mali zieht und einen Kameltreiber brauchen kann. Heute ist er nicht da. Und niemand, der mich aufhalten würde.

Ich halte mich links, krabble die sandigen Berge hinauf. Dort oben kann ich der Sonne zuschauen, wie sie sich zwischen die Dünen des Erg Admer legt und über dem runden Timbeur dem Mond, wie er langsam, strahlend nach oben zieht. Die Dämmerung ist kurz. Ich habe mich in mein großes schwarzes Seidentuch gehüllt und warte, an einen Felsen gelehnt, im Sand hockend, auf das Mondlicht. Dann beginnen meine Hände zu zittern. Ich bin gute zwei Stunden Fußmarsch von der Oase entfernt. Von hier kann ich nicht einmal das Flußbett sehen. Dunkelheit fällt. Und eine Stille, die ich nie gekannt habe. Meine Hände suchen den *grigri* unter dem weiten Hemd. Ich nehme ihn ab und starre auf das Silber, das trotz der Dunkelheit noch matt sichtbar wird. Meine Fingerkuppen streichen über das eingravierte Muster.

Ich habe Angst und breche den Zauber. Esse eine Orange, rülpse. Wohltuend real sind diese Geräusche und dann plötzlich beängstigend laut: Ich bin wie ein Magnet, der alles anzieht, was sich in der Umgebung bewegt. Aus den erstarrten Fingern fällt der *grigri* zu Boden. Meine Hände suchen automatisch nach dem Amulett – und dann die Panik: es ist nicht da. Kälte kriecht durch die Kleidung.

Ich werde hier erfrieren.

Ein fahles Licht steigt auf, heller und heller wird alles und doch farblos, düstere Felsen, heller Sand und keine Farbe. Im grauen Zwischenreich bin ich. Das weiße Licht fängt sich im Silber und grinst mir zu.

Der Wunsch! Der Wunsch? Wollte ich den *grigri* nicht ausprobieren? Eine Welle taucht in meinem Bauch auf und schwappt durchs Hirn: ich möchte den Zauberer sehen, der vor zehntausend Jahren hier gelebt hat. Hell wirds. Sehr hell. Ich esse eine Orange. Der Mond ist wie ein Käse. Dann dieses trockene Schluchzen, das aus meinem Hals kommt, als ein Atem meinen Nacken streift.

Abdu, verzeih mir, daß ich dich weggeschickt hab, jetzt könnte ich dich gut brauchen.

Nachts kann es hier bis zehn Grad minus abkühlen. Ich weine, weil es jetzt keinen Ausweg gibt, selbst mit Mondlicht würde ich den Weg nicht finden. Ich muß auf den Tagesanbruch warten. Ich will mich im Sand eingraben, aber der Sand ist kalt wie ein Grab.

Meine Zähne klappern. Ich esse eine Orange. Tagsüber staubt der Sand, nachts wird er fest wie Stein.

Abdu?

Eiskalte Hände berühren meine Stirn. Ich wünsche mir die windschiefe Strohhütte in Djanet, den kühlen Morgen, wenn beim ersten Sonnenstrahl die Kinder in die Schule gehen. Den Bäcker, der ab sieben Baguette verkauft. Ich wünsche mir den Geruch von Kaffee. Eiskalte Hände umklammern mich. Eigentlich will ich den Zauberer nicht mehr treffen, das ist doch alles Quatsch, Grigris, Wünsche, Zauber. Ich will nach Hause.

Ich weiß, daß die Sonne um halb acht aufgeht. Also muß es jetzt halb acht sein. Ich bin fast erfroren. Mit klammen Fingern esse ich die letzte Orange, wickle das Seidentuch enger um den Körper. Wärme mich in den ersten Sonnenstrahlen, die bald unerträglich heiß sein werden. Ich stehe auf, mein Blick fällt auf einen kleinen braunen Stein neben den Orangenschalen. Es ist ein Amulett. Ich könnte schwören, daß es vorher oder gestern abend nicht da war.

Aber nirgends sind Spuren zu sehen.

Langsam erwärmt sich der *grigri* auf meiner Haut.

DAS ORAKEL VON BENIN

Besuch bei einem Zeichen-Fänger

Das »Campement« von Abomey ist, wie alle einfachen afrikanischen Hotels, zugleich der Puff. Schräg gegenüber liegt eine Kaserne. Ich sitze auf einem wackligen Stuhl, an einem wackligen Tisch, trinke die Todsünde Afrikas, ein Glas Wasser aus dem Brunnen, und ziehe den betäubenden Blütenduft durch die Nase. Die offene Veranda im Kolonialstil läßt mit der Backofenluft Tausende von Stechmücken herein. Von der Decke hängt eine nackte Glühbirne, die sanft im Nachtwind schaukelt. Was ich essen will? Huhn vielleicht. Maniokbällchen. Reis. Fufu. Scharfe Soße, Brochettes. Es gibt nur Weißbrot und Tomaten. C'est ça.

An der Theke – Bar wäre zuviel gesagt, denn außer Fanta und nigerianischem Bier gibt es nichts – steht ein Prinz. Genauer gesagt, ein ehemaliger Prinz. Benin, das frühere Dahomey, Zentrum der Voudou-Religion, ist jetzt eine Volksrepublik, da gibt es keine Könige und Prinzen mehr. Das stört Prinz Glele Michel III. wenig. Er läßt sich trotzdem schöne Visitenkarten drucken. Sein Urgroßvater war nämlich König Glele I., mit dem Löwen im Banner und den 41 Sklaven, die anläßlich seiner Beerdigung zusammen mit ihm eingemauert wurden. So richtig traurig kann man über den Niedergang der Fon-Könige in Dahomey nicht sein, wenn man Prinz Gleles Erzählungen aus alten Zeiten lauscht. Der König hatte an die 200 Frauen, von denen ebenfalls 41 bei seinem Tod mit über die Klinge sprangen. Alle Fon-Könige hausten wild im eigenen und in fremden Reichen. Für die Nachbarstämme waren die Fon jedenfalls ungemütliche Zeitgenossen. Wer Pech hatte, wurde nicht nur aus heiterem Himmel versklavt, sondern auch noch für eine der zahlreichen Orakelsitzungen der Könige dem Gott Fa geopfert. Das sei aber heute nicht mehr so, versichert mir schnell der Königs-Urenkel. Nicht etwa 41 Sklaven und deren Blut seien heute für eine Antwort nötig, sondern allenfalls eine Kuh, mehrere Hühner, eine Ziege – das würde der Gott Fa, der alle Antworten weiß, dann schon mitteilen. Ich hoffe, daß er meine finanzielle Situation in Betracht zieht, ehe er das Opfer festlegt.

Ich wippe auf meinem Holzstuhl hin und her und beobachte die Soldaten, die ganz brav Fanta trinken und diskutieren. Ich sehe Soldaten gern von hinten. Einmal, weil die Uniformhosen meistens so gut geschnitten sind, und zum anderen, weil es sicherer ist. Prinz Glele Michel III. erzählt mir vom Gott Ogun, der für Eisen, Besitz, Diebstahl und Transport zuständig ist. Das gäbe eine Gewerkschaft! Er behauptet, daß ein Flugzeug nur fliegt, weil der Pilot daran glaubt und dadurch mit dem Gott Ogun einen Deal schließt. Ich werfe ein, daß die meisten Piloten doch Ogun gar nicht kennen, eine Ausbildung haben und deshalb fliegen. »Der Fluß fließt, auch wenn du ihn nicht kennst«, sagt er, und dagegen gibt es kein Argument. Vermutlich glauben die Piloten auch fest daran, daß das Flugzeug abheben wird, sonst würden sie sich ja wohl nicht hineinsetzen. Ich will das Problem mit ihm erörtern, zu wem Ogun hält, wenn es einen Konflikt zwischen einem Dieb und einem Besitzenden gibt. Leider ist er zu beschäftigt, Fantaflaschen aufzumachen. Ich schlurfe in mein Zimmer. Morgen wird mich der Prinz zum Orakelpriester bringen.

Alle Zimmer sind nach oben, zum Dachgebälk, offen. Die Wände hören einfach auf, und darüber erheben sich die Dachbalken. Die Fensterläden und Türen, die so ein schönes Streifenmuster an die Wand malen, schließen nicht ganz. Mir ist es egal, ich bin vom nigerianischen Bier, in dem von Methylalkohol bis zu diversen Giftpflanzen alles enthalten sein kann, ziemlich betrunken. Nebenan liegt Kundschaft. Eine tiefe, sanfte Stimme, dann eine hohe, die seufzt. Wieder das tiefe, zärtliche Gemurmel, schnelles Atmen, ein Ausruf. Ruhe. Schlapp schlapp schlapp, Wasserhahn auf, Wasserhahn zu. Sanfte Worte. Leises Lachen. Tür auf, Tür zu.

Heute hat der Orakelpriester leider keine Zeit für mich. Morgen! Aber am Abend ist eine Voudou-Zeremonie, ein großes Fest zu Ehren der heiligen Schlange. Voudou hat übrigens nichts mit den blutrünstigen und dekorativen gleichnamigen Hollywood-Filmszenen zu tun, sondern heißt in der Fon-Sprache schlicht Gott/Geist/Große Energie. Die Voudou-Religion geht davon aus, daß alles auf der Erde beseelt ist (eben auch das Flugzeug) und daß es für alle Zustände, Orte und Wesen göttliche Energien gibt, mit denen wir Menschen in Verbindung treten können. So gesehen gibt es also nicht das Gute und das Böse, sondern viele Facetten einer Kraft, die von Menschen entweder zerstörerisch oder heilend und bewahrend eingesetzt werden.

Der Prinz liest mir aus einem Schulheft Informationen über das Fon-Königreich vor. König Agadja hat demnach im 18. Jahrhundert das berühmt-berüchtigte Amazonen-Heer eingeführt, und Reine Mère de Guezo galt als Beschützerin der Amazonen. Den Film von Werner Herzog nach Bruce Chatwins Roman *The Viceroy of Quidah*, in dem die Amazonen eine spektakuläre Rolle spielen, konnte sie allerdings nicht verhindern.

Der Prinz referiert mir die blutrünstigen Einzelheiten der Fon-Herrschaft, auf die ich gar nicht scharf bin: ein Thron, der auf Menschenschädeln steht, Mauern aus Blut und Knochen, mit Lehm vermischt. Eingemauerte Verräter. Mir fällt ein Artikel ein, den Bruce Chatwin über seine Reise durch Benin geschrieben hat. Er wurde unter Spionageverdacht verhaftet und erlebte schreckliche Folterszenen. Düstere Gedanken plagen mich, denn ich bin ja gerade dabei, einen Gesetzesbruch zu planen, indem ich mich auf den Besuch beim Orakelpriester vorbereite. Es ist Ausländern in Benin verboten, mit Einwohnern des Landes in näheren Kontakt zu treten, in Privathäusern zu übernachten oder Zeremonien und Rituale zu besuchen, die es außerdem gar nicht geben darf, weil die Ausübung der Voudou-Religion nämlich auch verboten ist. Theoretisch. Praktisch ist in keinem anderen westafrikanischen Land die alte Voudoutradition so lebendig wie in Benin.

Der Prinz schleppt mich ins Museum. Stolz zeigt er mir die alten Palastmauern, die aus Erde, Lehm und Sklavenblut gebaut wurden und immer noch ziemlich stabil aussehen. Ein französisches Team restauriert eine der Mauern. Ich frage sie, was sie anstatt des Sklavenbluts heute so nehmen. Das finden sie nicht komisch. Der Königspalast ist eine

Überraschung: Er sieht aus wie ein zu groß geratenes Wartehäuschen der städtischen Verkehrsbetriebe. Im Hof der 200 Frauen des Königs sind Erbsen angebaut. Die trockenen Schoten rascheln im Wind. Erbsen aus dem Blut der Könige, der Sklaven, der Opfer... Es gruselt mich. Buschpfade führen zwischen den überwucherten Höfen zu den Museumsgebäuden, in denen Handwerker weben und die traditionellen Applikationen anfertigen. Man kann sogar den Metallgießern bei der Arbeit zuschauen. Sie stellen die Kulttiere der Fon her: Löwen sind die Wappentiere der Fon-Könige, Panther die Totem-Tiere aller Fon-Ahnen und -Ahninnen, die Schlange ist die Verbindung zwischen den Göttern und den Menschen, der Elefant symbolisiert die feindlichen Yoruba (Nigeria).

Ich trotte hinter dem Prinzen her und lasse mir den Namen der Stadt Abomey erklären: Agbo-Me: von einem Graben umgeben. Die Silbe ›Bo‹ heißt allerdings auch Fetisch, also der Gegenstand oder das Behältnis, durch das die Kraft zu den Menschen kommt. Demnach ist ein Bo-Hou ein Fetisch-Haus und ein Dje-Hou das Haus der Ahninnen und Ahnen. Bo-Hous werden beopfert, in Dje-Hous ruft man die Ahnengeister. Alle diese Tempel und Fetischhäuser sind niedrige Lehmbauten mit Wellblechdächern – sie erinnern an unsere Mülltonnen-Häuschen, und es kommt schon ab und zu vor, daß nichtkundige Europäer dort ihren Müll hineinwerfen. Von überall her sind die Rhythmen der Hirsestampfer zu hören: Die Frauen lassen nacheinander die Stampfer in die Mörser fallen und ziehen sie blitzschnell wieder hoch.

Fahle, malariamüde Gesichter beobachten uns. Kinder spielen mit Autos aus Tomatenbüchsen. Händlerinnen tragen ihre Waren auf dem Kopf und wirbeln mit ihren Gummisandalen den Staub auf.

Auf einem Buschpfad verlassen wir Abomey.

Eine grau-braun gemusterte Schlange schiebt sich schräg von links über den Weg. Der Prinz gebietet mir mit Handzeichen stehenzubleiben. Als die Schlange im Busch verschwunden ist, sagt er, daß das ein gutes Zeichen ist. Schlangen gehören zu seiner Familie, und wenn sie von links kommen, bringen sie Glück. Er zieht mich zum Bo-Hou, das gleich neben dem Buschpfad liegt, und sagt, ich soll eine Handvoll Erde anspucken und auf den magisch aufgeladenen Stein in der Mitte des

Häuschens werfen, dann könne mir nichts mehr passieren in meinem Leben – er sagt »dans ta vie de passage«. Die Bo-Hous werden beopfert. Kleine Statuen, Schälchen mit Nahrung, Hühnerblut, Blumen werden auf den magischen Mittelstein gelegt oder ringsum in die Erde eingegraben. Hier zeigt sich ein echter Vorteil der sozialistischen Regierung und ihrer zurückhaltenden Politik gegenüber dem Tourismus: In den Fetisch-Häuschen befinden sich uralte, wundervolle Fetisch-Figuren, und kein Antiquitätenhändler scheint bislang auf die Idee gekommen zu sein, sie zu stehlen und auf den Kunstmarkt zu bringen.

Die Sonne geht unter. Mir wird klar, daß ich die Gesetze der Volksrepublik Benin gleich mehrmals brechen muß: Erstens werde ich heute abend nicht ins Campemant zurückkehren können, denn wir sind schon vier Stunden unterwegs. Zweitens werde ich an der Schlangenzeremonie teilnehmen, und drittens werde ich dann wohl morgen endlich den Orakelpriester sehen.

Das Dje-Hou, das Ahnenhaus der Schlangen, steht auf einem freigerodeten Platz zwischen Palmen, Urwaldbäumen und dichtem Gestrüpp. So plötzlich, wie die Nacht fällt, setzt das Trommeln ein. Affen kreischen. Ich denke an Chatwins Schilderung von den Folterungen in den Militärgefängnissen, und der Schweiß bricht mir aus. Zum Glück erfahre ich erst später, daß den Giftschlangen, die jetzt mit der Priesterin tanzen, die Giftzähne nicht gezogen sind, daß sich der große Geist wahllos Menschen aus der Menge holt und mit ihnen die seltsamsten Dinge anstellt, daß ich auf dem blanken Boden zwischen Käfern und Spinnen schlafen werde und daß der stellvertretende »Vorsitzende« der Republik anwesend ist. In der Nacht sind zwar alle Katzen grau, aber Weiße sind immer weiß, unangenehm weiß, zwischen den schweißnassen dunklen Gesichtern, die mit dem Nachthimmel verschmelzen. Ich bitte ganz altmodisch meinen Schutzengel um eine Nachtschicht und tanze dort mit, wo ich hineingezogen werde, wobei ich mich bemühe, nicht auf die Schlangen zu treten, denn das ist sicher ein Sakrileg... In dieser Nacht träume ich, daß jemand zu mir sagt: Denk an die 14.

»Mama! Mama!« Jemand rüttelt mich an der Schulter. Ich bin also schon befördert worden. Im französischsprachigen Westafrika heißen die Frauen entweder Madame (alle fremden, weißen, hochgestellten Frauen), ma sœur (junge Frauen untereinander) oder Mama (vertraute Frauen, ältere Frauen).

Ein dürrer Hund liegt ausgestreckt in der Sonne und läßt sich von unzähligen Fliegen kitzeln. Hühner picken. Die Frau, die mich geweckt hat, hält mir eine Blechschüssel, made in China, mit Fufu und Soße hin. Die Soße ist scharf. Mein Magen duckt sich unter ihr weg.

Prinz Glele kommt wie aus dem Ei gepellt und grüßt. Die Frauen grinsen ihn an. Wir gehen zwischen den Lehmhäusern und stacheligem Gestrüpp zum Markt, um Fetische zu kaufen. Ich habe keine Ahnung, wo ich bin. Plötzlich wird mir klar, daß ich dem Prinzen ganz schön ausgeliefert bin. In die aufkommende Panik sage ich mir, daß mich sehr wundern sollte, wenn nicht auch hier, mitten im Nichts des afrikanischen Buschs, eine amerikanische Peace-Corps-Station oder ein Haus voller deutscher Entwicklungshelfer in Birkenstock-Schuhen stehen würde.

Eine Frau sitzt am Rande des Marktes und hat kleine Tongefäße, rote, schwarze und weiße, vor sich ausgebreitet. In einer Bastschale liegen Hunderte von Kauri-Schnecken, die zu Orakeln verwendet werden. Sie zeigt mir ihre Gefäße und erklärt, wofür sie gut sind. Plötzlich zieht sie mich am Arm zu sich herunter. Ich gehe in die Knie.

»Nach einer Abtreibung mußt du dich mit der Seele des Kindes versöhnen!« sagt sie leise und eindringlich. Ich hatte in meinem ganzen Leben nur eine Abtreibung: etwa zwei Monate zuvor. Ich spüre, wie sich auf dem Arm, den sie festhält, Gänsehaut bildet. Ich ziehe meinen Arm aus ihrem Griff. Sie lächelt. Ich kaufe ein Gefäß, mit dem ich das Versöhnungsritual vollziehen kann. Es kostet nur ein paar Pfennige. Der Prinz zieht mich weiter. Wir sollen uns beeilen, der Priester wartet schon. Zwischen halbverhungerten Hunden spielen Kinder mit aufgeblähten Bäuchen. An ihren Augen hängen Fliegen. Eine Frau trägt einen Triumph-Büstenhalter und dazu ein ausgewaschenes Tuch um die Hüften.

Aus Kassettenrecordern plärrt und eiert Reggaemusik. Eine kleine Prozession von Frauen drängt sich zwischen die Menschen. Die Frauen sind bunt geschmückt, haben ihre Gesichter weiß bemalt und singen ein eintöniges Lied, das immer wieder von Aufschreien durchbrochen wird. Eine Frau schlägt mit einem Stock auf eine chinesische Blechschüssel, mehrere Passantinnen werfen sich vor der Prozession auf die Erde und werden mit Wasser und Blüten beworfen. Die Anführerin der Prozession sieht mich, fixiert meinen Blick und tanzt mit obszönen Bewegungen auf mich zu. Der Prinz packt mich am Arm und fängt an zu laufen.

Ich werde das Gefühl nicht los, daß ich etwas Aufregendes verpaßt habe.

Das Haus des Orakelpriesters ist, wie alle anderen Häuser um Abomey herum, mit Wellblech gedeckt. Der Fußboden ist zementiert. Eine Maßnahme der Regierung nach dem letzten Wirbelsturm. Während ich mich noch wundere, warum ein herumfliegendes Wellblech sicherer sein soll als ein Strohdach, werde ich von vielen Händen in die Hütte geschoben. Ein Bettgestell ohne Matratze, eine Bastmatte auf dem Boden, eine Plastik-Einkaufstasche, Maggi-Schachteln, chinesisches Blechgeschirr, ein gezimmerter Tisch, eine Bank. Ich suche nach magischen Gegenständen, einem Altar, irgend etwas Heiligem, aber die einzige Besonderheit, die ich entdecken kann, ist der Hocker, auf den sich der Priester setzt. Ich erwarte mir eigentlich nichts von ihm. Ein ganz gewöhnlicher alter Mann mit freundlichen Augen, der in ziemlicher Armut zwischen Kolonisationskitsch und alter Tradition vegetiert. Seine Frau wirkt genervt, aber vielleicht ist sie einfach nur krank. Fast alle Menschen hier leiden an immer wiederkehrenden Malaria-Anfällen, an Darmkrankheiten, Würmern, Fieber oder Meningitis. Und am Hunger. Ich setze mich auf ein zusammengelegtes Stück Stoff, vermutlich aus einer europäischen Kleidersammlung. Es ist irgend so ein Nylonrock, den irgend so eine Hausfrau, zusammen mit alten Brillen vermutlich, in eine Afrika-Sammlung gegeben hat. Mehrere Ziegen stehen vor der offenen Tür. Im Hof wäscht eine junge Frau ein kleines Kind, das so schreit, wie alle Kinder schreien, die gewaschen werden. Vertrocknete Blätter von vollkommener Schönheit liegen auf der Erde, einfach Blätter von Bäumen... Tropisches Vogelgezwitscher, Hirsestampfen, Rufe, Lachen, Necken, Schreien. Ich schließe die Augen und fühle mich wohl und geborgen. Kein Auto, keine Maschine, kein technisches Geräusch. Die trockenen Blätter rascheln im Wind. Der Prinz sagt, ich soll meine Frage formulieren.

Viele Fragen hatte ich vorbereitet. Doch jetzt gibt es nur noch eine: Was bedeutet es, daß ich heute nacht nach dem Schlangen-Ritual die Zahl 14 geträumt habe? Ich schaue dem Priester in die Augen. Noch immer erkenne ich kein Zeichen von Macht oder besonderer Gabe. Vielleicht will ich ihm ja einfach nur eine Falle stellen? Ich frage nach der Zahl 14, was soll er darauf schon antworten? Er kennt mich nicht, weiß nichts über mich, dann wird er halt irgend etwas sagen. Der Prinz übersetzt ihm meine Frage. Er schaut mich kurz an, nimmt seinen Beutel und wirft den Inhalt auf die Bastmatte.

»Das Fa-Orakel kennt 256 Zeichen«, flüstert mir der Prinz zu. Der Priester wird jetzt den Gott Fa anrufen und ihn bitten, ihm ein Zeichen zu sagen. Jetzt ruft er den Gott Fa? Mitten in seiner Küche? Ohne Zeremonie? Ohne Opfergabe? Offenbar! Denn er wirft die Muscheln, die verholzten Kerne, die Schnecken, die Fruchtschalen herum und schwingt dann seine Orakelkette darüber, und dazu singt er. Ich bin von seinem Gesang fasziniert. Er hat eine weiche, sanfte Stimme, sie brandet an meinem Ohr an und verliert sich irgendwo im Raum. Sie scheint aus den Ecken des Zimmers zu kommen. Gelegentlich muß ich das Bedürfnis, mitzusingen, unterdrücken. Ich wiege mich in dieser fremden, sanften Atmosphäre, bin ganz in den Gesang versunken, mit dem der Orakelpriester »das Zeichen fängt«. Er beginnt zu sprechen, der Prinz übersetzt, und die Wirklichkeit holt mich mit einem Keulenschlag ein: »Dein Zeichen ist Savla«, sagt er. »Du hast vor zwei Jahren deinen Vater für immer verloren.«

Nicht, daß das für mich ein Problem gewesen wäre. Nachdem wir uns zwanzig Jahre aus guten Gründen nicht gesehen hatten und unsere letzte Begegnung darin bestand, daß er mir eine Ohrfeige gab und ich zurückschlug, war er tatsächlich vor zwei Jahren zu unser aller Erleichterung gestorben.

»Dein Vater hat dir großen Schmerz zugefügt«, redet er weiter. Wut steigt in mir auf. Warum mein Vater? Was hat er mit Afrika, mit der Zahl 14 zu tun? Wie weit muß ich reisen, um nichts mehr von ihm zu hören?

»Er ist gestorben und hat dir etwas hinterlassen, das du angenommen hast.«

Ja, auch das stimmt. Das einzig Positive an meiner Geschichte mit ihm scheint diese kleine Erbschaft zu sein, außer vielleicht der Tatsache, daß er unendlich viel über Sterne, über Berge, Steine, Pflanzen wußte, daß er sein zigeunerisches Wissen, wenn er es schon nicht leben wollte, wenigstens uns Töchtern weitergab, wenn wir in den Ferien zu ihm fuhren.

»Wenn du dich nicht aussöhnst mit ihm«, fährt die leise Stimme fort, »wird er dich dein Leben lang behindern.« Ich höre meine inneren Bremsen quietschen. So weit kommt's noch, daß ich mich im Busch mit meinem Vater aussöhne, der mir und meiner Familie einiges angetan hat!

Ich starre den Orakelpriester an. Seine Augen lächeln, sein Gesicht ist ganz ernst.

»Woher weiß er das?« frage ich den Prinzen. Die beiden reden eine Weile. Ich schaue zu, wie die Mutter und eine andere Frau dem kleinen Mädchen Zöpfe flechten. Einen nach dem anderen, der Kopf liegt auf den Schenkeln der Frau, wird hin und her gezerrt. Die Augen der Kleinen verschwimmen. Sie ist in Trance. Er ruft den Gott Fa, und der Gott Fa kommt durch seinen Zauberbeutel, durch die Muscheln und Fruchtschalen und spricht mit ihm.

»Sag ihm, ich will mich nicht versöhnen«, sage ich heiser.

Der Prinz lacht. Er sagt es dem Orakelpriester. Sein Mund verzieht sich zu einem kleinen Lächeln:

»Der Gott Fa will sechs Hühner, zwei Flaschen Schnaps, vier Flaschen Bier und vier Flaschen Fanta.«

Ich weiß nicht warum, aber kurz drauf renne ich wie betäubt mit dem Prinzen über den Markt und kaufe alles ein. Die Fetischfrau winkt mir zu. Ich fühle mich umzingelt. Alle diese Menschen kennen mich nicht, und doch erzählen sie mir Wort für Wort meine eigene Geschichte.

Am Abend kommen alle Nachbarn. Ich sitze zwischen den Frauen des Orakel-Priesters: seiner Frau, seiner Mutter, seinen beiden Töchtern und deren Töchtern. Der Prinz und der Priester sitzen auf der Bank. Die Kinder spielen mit meinen Ohrringen. Die Nachbarinnen tragen die Hühner und den Reis mit scharfer Soße auf, das heißt, sie stellen die große Schüssel in die Mitte, und alle nehmen sich davon. Der Priester nimmt einen Schluck Schnaps in den Mund und spuckt davon in jede Himmelsrichtung, dann spuckt er über seine Muscheln und Nüsse, besprüht mich und seine Schwelle. Er zeichnet etwas mit seinem Stock in die festgetretene Erde des Hofes. Dann bringt er ein Stück Holz und eine kleine, selbstgeschmiedete Hacke. Ich muß die Hacke nehmen und über das Holz halten. Er nimmt einen großen Stein aus seinem Beutel. Nun soll ich in meiner Muttersprache sagen, daß ich mit meinem Vater, allen meinen Ahnen und Ahninnen versöhnt bin und daß mir nun alles mit Hilfe der Göttinnen und Götter gut ausgehen wird. Nichts sage ich lieber. Aber auf bayrisch?

Ich geniere mich und kichere, aber schließlich sage ich es doch, und während ich spreche, murmeln alle laut, mit Hühnerfleisch und Reis im Mund, auch irgend etwas. Das ist eine so absurde Situation, daß ich lachen muß. Ich fühle mich sehr wohl. Während alle sprechen, schlägt der Priester mit dem Stein die Hacke in das Holz. Er wirft seine Muscheln wieder und fängt mir noch ein Zeichen, »Gbessa«. Es hat mit meiner Arbeit zu tun. Er erzählt eine Geschichte, der Prinz übersetzt. Ich höre schläfrig zu, an die warme Hausmauer gelehnt, in meinem Schoß die kleine Enkelin des Priesters, und überlege, wie die Fon-Sprache wohl übersetzt werden kann, in der sich, laut Prinz Glele Michel III., Begriffe zusammensetzen können aus der Person, die das Entsprechende erlebt, dem Ort, wo das Erlebnis stattfindet, und der Zeit der Begegnung.

»Zwei Handwerker ziehen in einen größeren Ort. Sie sind in ihrem Handwerk sehr gut. Beim Baobab vor dem Ort wird der eine auf das Können des anderen neidisch, sticht ihm die Augen aus, raubt ihm sein Geld und zieht allein weiter. Der Blinde sitzt unter dem Baobab, da hört er in den Wipfeln zwei Geier miteinander reden: Ja, wenn er nur wüßte, daß das Blatt soundso ihn sehend macht! Wenn er zwei fände, bei Neumond, sie aneinanderriebe... Er erinnert sich, daß gerade Neumond ist, und tappt im Dunkel seiner Blindheit an den von den Geiern erwähnten Ort. Findet mit der einen Hand ein Blatt, mit der anderen ein anderes, reibt sie zusammen und sieht wieder.

Die Königstochter ist auch blind. Der König hat einen Preis ausgesetzt. Wer sie sehend macht, bekommt sie zur Frau. Der Rest ist einfach.

Unser Handwerker macht die Prinzessin sehend. Der andere fragt, wie er das denn gemacht hat. Er erzählt ohne Falsch und Arg, wie alles geschehen ist. Der andere sticht sich die Augen aus und wartet unter dem Baobab, bis er schließlich verdurstet und verhungert ist. Da kommen die Geier und zerreißen ihn.«

Ich schlafe bei Florence in der Hütte. Sie gibt mir noch einen Palmwein aus, den man sich nicht etwa als Wein, sondern als Schnaps vorzustellen hat. Ich gebe ihr meine Medikamententasche. Pötzlich fühle ich mich unverwundbar. Wenn mich die Geschichte auch etwas beunruhigt.

Zum Abschied sagt mir der Priester: Immer wenn das eine verloren ist, kommt das Bessere für dich nach.

Der Prinz macht ein Foto von mir und der Frau des Priesters. Nachher sind nur die Körper und die schwarze und die weiße Hand zu sehen.

Auf dem Weg über den Markt ruft mir die Fetischhändlerin zu, ich sei von der Schlange angenommen worden. Ich frage sie, was sie meint. Sie sagt: »Du wirst es sehen: Wenn du nach Hause kommst, gibt dir jemand eine Schlange.« Ich grinse. Bei uns gibt es keine Schlangen, erkläre ich ihr, fast ein wenig schadenfroh.

Auf dem Weg zurück nach Abomey gibt mir der Prinz durch, was ich ihm alles mitbringen oder schicken muß: einen Regenmantel, ein Paar Stiefel, eine feste Hose. Einen Pullover. Einen Aktenkoffer. Zwei Kugelschreiber, zwei große Schreibhefte. Eine Taschenlampe, einen Kassettenrecorder, mit dem man aufnehmen kann...

Etwa vier Monate nach meiner Rückkehr aus Afrika besucht mich ein alter Freund, den ich lange nicht gesehen habe.

»Du beschäftigst dich doch mit Magie«, sagt er. Er zieht ein Gefäß aus einem alten Tuch, in dem die Wirbelknochen und der Kopf einer Kobra liegen.

AN DEN NACHTFEUERN VON MAMA BENZ

Vor mehr als zwei Stunden ist Fati noch bei Dunkelheit vom Hof ihrer Eltern losgegangen. Mutter und Schwester haben ihr die zweistöckige Last auf den Kopf gehoben, oben Tomaten, unten Yamswurzeln, und dann ist sie durch die schlafenden Dörfer gewandert, zusammen mit anderen Marktfrauen, die jeden Morgen nach Bamako (Mali) gehen, um ihr Gemüse zu verkaufen. Die meisten Frauen tragen noch ein Kind im Tuch auf dem Rücken, das bei der schaukelnden Bewegung fest schläft. Jetzt haben ein paar Frauen Fati geholfen, die schwere Last abzunehmen, und wir sitzen an dem wackligen langen Tisch, an dem Amadu Kaffee und Weißbrot verkauft. Amadus Mutter ist Straßenköchin. Sie sitzt an ihrem Feuer am Rand des Markts, kocht Fufu und Sauce Piment, die scharfe Soße, die alle Bakterien restlos entmutigt, und gibt Amadu heißes Wasser für unseren Kaffee. Es ist kühl, ja kühl, 16 Grad im Schatten, die Sonne gibt sich noch vom sandigen Harmattan sanftgelb-verschleiert und kraftlos. Harmattan, das ist der Wind aus der Wüste, der den Staub und den Sand bringt. Viele Afrikanerinnen schützen ihre kunstvollen Zöpfchenfrisuren in der Zeit des Harmattan mit Plastikduschhauben. Amadu gießt das heiße Wasser auf eine Prise Nescafé und schüttet dann jede Menge »Milchmädchen« dazu, das weckt Erinnerungen an die Kindheit; süß, fett, gelblich tropft die gezuckerte Dosenmilch in den dünnen Kaffee. Wir schlürfen das Endprodukt und tauchen Weißbrot ein. Fati hat nicht viel geschlafen. Die Nächte sind nicht zum Schlafen da, sagt sie, in den Nächten wird gegessen, geredet, getanzt – und geschlafen wird tagsüber neben den ausgebreiteten Waren oder auf einem Markstand. Auf die niedrige Bank am Kaffeestand von Amadu hat sich ein Polizist gesetzt. Er hustet. Der Rauch des kleinen

Feuers zieht über uns hinweg. Auf dem Buschtaxiplatz neben dem Markt wird es langsam lebendig. Händler, Marktfrauen, Reisende kommen an, suchen sich ein Sammeltaxi und warten darauf, daß es sich füllt, was bedeutet, daß bis zu zehn Menschen in einen Pkw gepreßt werden, bis der Fahrer endlich losfährt. Die Vermittler schreien die Reiseziele aus und reichen potentielle Fahrgäste an die Fahrer weiter. Ein Auto nach dem anderen fährt los, hochbeladen, in den Kurven gefährlich schwankend. Der Chauffeur eines umgebauten Peugeot-Pickup muß den Reifen wechseln. Die Fahrgäste steigen aus, aber die Kisten und Körbe, die Säcke und das Fahrrad bleiben auf dem Dach festgezurrt. Auch eine alte Frau, die sich schlecht bewegen kann, wird kurzerhand samt Ziege im Auto belassen. Dann heben sechs Männer den Wagen hoch, der Fahrer schraubt seelenruhig den platten Reifen heraus und montiert den neuen. Die ganze Zeit wird debattiert, gelacht und gekichert. An einer Telegraphenstange hängen drei Männer hoch in der Luft an einem Kabel, das sie über die Stange ziehen müssen. Zwei Marktfrauen heben ihre Lasten vom Kopf, um hemmungslos zu lachen. Wo ich herkomme, will der Gendarm wissen. Deutschland? Ah, ja, gut. Kaltes Land. Ob ich einen Ausweis habe? Ich weiß, was ich sagen muß, um die lästige Prozedur des Kontrollierens und Fragens zu vermeiden. »Bei uns ist es so kalt, daß sogar die Seen zufrieren«, werfe ich ein. Dieses Bild erschüttert den Polizisten zutiefst. Glacé?! Grauenvolle Vorstellung. Wie arm muß ich dran sein, wenn ich in so einem Land ständig leben muß! Deutschland ist ja auch nicht das Wahre, Paris, ja, Paris, das ist schon was! Die Marktfrauen sind dazu übergegangen, die Telegraphen-Arbeiter mit obszönen Gesten zu verspotten. Jetzt hängen sie wirklich etwas unglücklich da oben... Überhaupt diese Marktfrauen. Wie gerade sie stehen, wie stolz, fast arrogant sie ihren Raum einnehmen und beanspruchen! Ich möchte nicht unbedingt Streit mit ihnen haben! Daß mit den Marktfrauen nicht zu spaßen ist, mußten schon einige afrikanische Staatschefs am eigenen Leib erfahren. Rawlings in Ghana zum Beispiel. Er wollte nach der Revolution den Marktfrauen eine Art Einheitspreis vorschreiben, zu dem sie ihre Waren zu verkaufen hatten. Die Mammies (nach ihnen heißen auch die berüchtigten Mammie-Trucks, die überladen und schlecht gewartet ständig die furchtbarsten Unfälle produzieren) weigerten sich einfach, zu diesem Preis zu verkaufen und gaben die Waren überhaupt nicht heraus. Daraufhin ließ Rawlings die Markthallen sprengen, um die Frauen zu zwingen, ihre Waren auf dem Markt zu bringen. Aber die Mammies sind nicht kleinzukriegen, auch ein Revolutionär schafft das nicht. Eigentlich hätte Rawlings das wissen müssen, denn seine Mutter ist ja selbst Marktfrau... Jedenfalls saßen die Marktfrauen am Tag nach der Sprengung der Markthallen ungerührt vor den Ruinen und verkauften weiter zu ihren eigenen Preisen.

»In den größeren Städten Westafrikas besitzen viele Frauen ihre eigenen Geschäfte«, schreibt Blandena Lee Kossodo in ihrem Buch *Die Frau in Afrika.* »Sie handeln mit Lebensmitteln oder mit Palmöl, besitzen ihre eigenen Lastwagen, leben oft in Villen und lassen ihre Kinder in England oder Frankreich erziehen. Die meisten dieser ›Handelsprinzessinnen‹ sind Analphabetinnen oder verfügen nur über rudimentäre Kenntnisse im Lesen und Schreiben... Sie betreiben Handel sowohl auf kleinster wie auch auf internationaler Basis. Die Marktfrauen Westafrikas sind geradezu zu einer Legende geworden.«

In Westafrika werden die Händlerinnen gern »Mama Benz« genannt. Damit sind eigentlich nur die wenigen Vorreiterinnen gemeint, die durch clevere Geschäfte derart viel Geld verdienen, daß sie zwar tagsüber mit ihren Kolleginnen im Staub sitzen, abends aber mit dem Mercedes abgeholt werden, um nach Hause zu fahren.

Bei einer von ihnen, Claire, war ich zum Abendessen eingeladen. In ihrem sehr bescheidenen Lehmhaus stapelten sich Geldscheine, französische Francs, afrikanische Francs (CFA), auf deren 10.000-Francs-Schein eine schöne Marktfrau abgebildet ist, Dollars, D-Mark... Afrikanerinnen haben große Familien. Wer viel Geld verdient, muß die anderen mit durchziehen. So kommt es, daß auch eine sehr gut verdienende Mama Benz kaum wirklich im Überfluß lebt. Die Familiensolidarität steht einfach an erster Stelle und ist zum Überleben des Clans auch notwendig.

Claires Familie lebt in den Mandingo-Bergen. Während in Mali im allgemeinen Sahelgebiet und Wüste gute Ernten verhindern, hat Claires Familie Glück. Die Umgebung der Mandingo-Berge ist sehr fruchtbar. Claire handelt mit Gemüse, mit Stoff, mit Palmöl und Seifen. Einige Frauen aus ihrem Clan nähen auf dem Markt. Claire hat Geschäfte in

Sierra Leone, im Senegal und in Ghana. Außerdem hat sie Handelsbeziehungen zu verschiedenen Firmen in Frankreich und Amerika. Ob es denn keine Männer im afrikanischen Handel gebe, frage ich sie. Sie lacht spöttisch auf. Sie sind zu faul, meint sie. Von Geschäften verstehen Frauen mehr, ob das denn bei uns in Europa nicht so sei?

Da bin ich wirklich überfragt. Mir fällt spontan die Nürnberger Marktfrau ein, die einen Polizisten hartnäckig geduzt hat und dafür verurteilt wurde... Die Geschichte kann ich Claire gar nicht erzählen, wie sollte ich ihr das klarmachen? In ihrer Sprache, Malinké, gibt's vermutlich weder »du« noch »Sie«, und französisch können wir beide nicht so gut.

In Bamako arbeiten zwölf junge Frauen für Claire. Sie kaufen Stoff bei ihr und verkaufen ihn wieder. Holländische bedruckte Kattunstoffe, die importiert werden, aber auch handgebatikte Stoffe aus der Umgebung von Mopti (dunkelbau) und Segou (Lehmbatik). Ihre Gewinnspanne liegt in der Differenz des Ein- und Verkaufspreises, also in ihrem Geschick. Ich kaufe einer von Claires Händlerinnen einen Batikstoff für 3.000 CFA ab, das sind rund zwanzig Mark für vier Meter Stoff. Claire bekommt 1.000 – sofort bei Übergabe des Stoffs. Das Risiko tragen die Verkäuferinnen...

Mama Benz, die reiche Händlerin, ist sicher die Ausnahme auf den Märkten. Es gibt sie wohl überall, vor allem bei den Ashanti in Ghana und den Yoruba in Nigeria, aber in der Regel leben die Marktfrauen von der Hand in den Mund. Wer durch einen afrikanischen Markt gegangen ist, weiß, daß dort nicht die große Kohle zu holen ist.

Fati hat ihre Waren ausgebreitet und sitzt auf einem Tuch daneben. Die ambulanten Händlerinnen klappern die Marktstände ab. Sie kaufen selbst Gemüse, Suppenwürfel, Maniok oder Hirse und bieten ihre Waren an: Flip-flaps (Gummisandalen aus Autoreifen), Erdnüsse, Kokosnüsse, süßes Gebäck, Haarnadeln...

Langsam erwacht der Markt zum Leben, der afrikanische Markt, dem der schwarze Musiker Ibrahim Abdullah (Dollar Brand) aus Südafrika eine wunderschgöne Langspielplatte gewidmet hat, »On an African Market«. Der Markt ist das Herz Afrikas.

Flip-flap, nackte Füße in Gummisandalen werfen den Staub hoch, flip-flap, vorbei an kunstvoll aufgetürmten Maggiwürfeln, Jumbo-Cubes, vorbei an Fleisch, Fisch, Hirse, Maniok, Cassava, vorbei an flachen Körben mit Tomaten, Yamswurzeln, Büchsenfisch, Keksen, flip-flap, vorbei an gefälschten Cartier- und Rolex-Uhren, vorbei an Eiern, Karotten, Mango, Ananas, Kochbananen, Süßkartoffeln, Salz, Seife, Palmöl, Brennholz, Kohle, vorbei an Plastiktüten, an Dosen mit kondensierter Milch und Milo, flip-flap, vorbei an Gräben mit grünlich-schillernden Abwässern, in denen Küken herumpicken, vorbei an zusammengebundenen Perlhühnern, die aufgeregt flattern, aber nicht fort kommen, vorbei an Zaubermedizin, an Eiswürfeln in Plastiktüten, vorbei an Medikamenten aus Europa, deren Verfallsdatum abgelaufen ist, vorbei an Stoffballen »Misereor«, an Ständen mit deutschem Kleidersammlungs-Plunder und Brillenbergen. Hier wird alles verkauft, was irgendwo angeboten, gespendet, geschenkt, per Katastrophenhilfe oder Wirtschaftshilfe geschickt, was gefunden, ausgegraben, neu gestaltet wurde. Nichts, was nicht verkauft werden könnte. Kürbisgeschirr, Blech, Zigaretten, Basttaschen und Körbe, Schrauben, Nägel, Leder, Fell, Möbel aus mit Leder gebundenen Holz- und Bambusstangen, Glasperlen, Stoff, Kämme, Rüschenblusen. Alles alles alles wird verkauft und wieder gekauft. Der »Guerisseur« hat eine Tafel vor seinem Stand stehen, was er alles heilen kann: Masern, eine schwache Blase, Impotenz, Fieber... An Kundschaft fehlt es ihm nicht. Sollten seine Bemühungen nicht ganz gefruchtet haben, bleibt immer noch der »Medizin«-Stand. Hier gibt's Pillen, einzeln verpackt, von Hoffmann-La-Roche und Ciba-Geigy, zum Sonderpreis. Auf jeder einzelnen Pille steht die gesamte Information. Jede einzeln eingenommene Pille schadet mehr, als sie nützen kann. Aber das kümmert niemanden. Pillen sind Fetische. Die moderne Medizin ist offenbar mächtiger als die alte. Nicht so auf dem Fetischmarkt.

Hier dreht sich die Welt noch nach den Gesetzen der alten ZauberpriesterInnen. Medizin heißt hier nicht Medikament, sondern Begleitende Energie für ein glückliches Leben. Nur der Heiler selbst geht mit der Zeit. Er nennt sich nicht mehr *feticheur*, wie früher, oder *charlatan* (wie es in der französischen Kolonialzeit eingeführt wurde), sondern

»Ingenieur Explicateur Fetich«, erklärender Fetisch-Ingenieur. Der Ingenieur ist eben der moderne Zauberer...

Ich lasse mich auf das ganze Programm ein: ohne Schuhe in die Hütte des »Ingenieurs« eintreten, auf der Arme-Sünder-Bank Platz nehmen, die Kaurimuscheln werfen (das ist eine Orakelart, mit der die Laune der Götter erkundet wird). Ich bekomme einen Liebeszauber, einen Geldzauber, einen Hausgeist aus gebranntem Ton, der ab und zu eine rauchen will, eine schwarze Puppe mit roter Feder, die mich beschützen soll und einen Zauber für sicheres Reisen. Bei magischen Dingen soll man eigentlich nicht um den Preis feilschen, aber zweihundertfünfzig Mark umgerechnet kann ich mir für das Zauberprogramm nicht leisten (dafür mach ich's selber!). Wir einigen uns. Das Geld ist nicht schlecht angelegt. Alle meine Fetische funktionieren wie Quarzuhren.

Bei meinem zweiten Besuch, ein Jahr später, werde ich von meinem »Ingenieur« wiedererkannt. Wir tauschen Erfahrungen und Erlebnisse aus. Ich sage, wie gut seine Fetische sind. Währenddessen fotografiert der Fotograf und spart sich viel Geld.

Die Vogelköpfe, Leopardenkrallen, Igelstacheln, Schweinemägen, Affenköpfe und all das, was hier verkauft wird, sieht für Uneingeweihte widerlich und schrecklich aus. Innerhalb der Voodoo-Religion haben alle diese Einzelheiten einen heiligen Platz, und ich denke, daß man in Afrika einfach ein ehrlicheres Verhältnis zum Tod, zur Nahrung, zum Prozeß des Lebens und Sterbens hat. Wir kaufen unser Fleisch, schön rosa, appetitlich verpackt, in Läden, denen man das Töten nicht ansieht. In Afrika begegnet man dem Tod an jeder Ecke. Mitten auf dem Markt werden Tiere aufgeschlitzt und bluten aus, während die Männer sich unterhalten und sich fachmännisch über ihre Arbeit austauschen. Auf der Straße sterben Sieche und kleine Kinder. In den Krankenhäusern sterben täglich viele Menschen allein an der Mangelernährung. Trotzdem wird in Afrika viel mehr gelacht als bei uns. Ich glaube nicht, daß das eine Art Verrohung ist. Jeder Moment wird genommen, wie er kommt. Unglück wird beweint, Katastrophen werden hingenommen, das Leben geht weiter. Es geht solang es geht, sagt Fati.

Zwischen zwei Stoffständen sitzt ein junges Mädchen. Drei Frauen haben ihre Haare in Arbeit. Jede zerrt und zieht an ihr, flicht künstliche

Haare in die natürlichen. Etwa vier Stunden dauert die Prozedur dieser komplizierten Zöpfchenfrisur. Die Friseurinnen stellen ein gemaltes Schild vor ihren Stand, auf dem die Haartrachten zu sehen sind, die sie flechten können. Ringsherum drängen und schieben die Menschen vorbei, gelegentlich fahren sogar hupend Autos durch. Wasserverkäuferinnen schreien ihr »Esiii« über den Markt. Geldwechsler versuchen, ahnungslose Ausländer um ihr Geld zu bringen. Viele Touristen wissen nicht, daß es in Westafrika nichts mehr bringt, schwarz zu wechseln, weil fast alle Kurse bei den Banken ziemlich gut sind, und der CFA, die westafrikanische Währung, ist ohnehin fest an den französischen Franc gebunden und bringt immer den gleichen Umtauschkurs. Aber immer wieder finden sich Leute – nicht selten junge Sahara-Durchquerer, die hier ihre Autos und ihr ganzes Zubehör verkaufen wollen und hoffen, mit allem noch ein gutes Geschäft zu machen – die auf die Tricks der Geldwechsler hereinfallen: Zuerst sagt man, wieviel Geld man tauschen will. Der Wechsler nennt einen verdächtig hohen Umtauschkurs. Der Kunde freut sich, daß er ein so gutes Geschäft machen soll. Er hält das Geld fest, der Wechsler zählt sein Geld offen ab. Alles völlig ehrlich – denkt der Kunde. Er bekommt es, zählt es nach, der Wechsler nimmt die ausländische Währung, stutzt, zählt sie nochmals, nimmt dann noch einmal sein Geld zurück, zählt es, strahlt: alles klar. Der Tourist, der kurz erschrocken ist – stimmt etwa mit seinem Geld etwas nicht? – ist jetzt beruhigt, geht fort, zählt noch einmal nach, ja merkwürdig, das ist ja viel zu wenig! Einige Scheine liegen gefaltet im Bündel, die hat er einfach doppelt gezählt. He, das gilt nicht, zurück! Aber welcher war es? Die Geldwechsler setzen eine unschuldige Miene auf. Ich nicht! Nein, ich doch nicht! Läuft der Geprellte wütend oder verzweifelt davon, schleicht sich ein Lächeln in die Gesichter: wieder einer. Haha.

Wie es aussieht, geben die Touristen das Geld freiwillig her, das sie verlieren...

Heute ist aber etwas Besonderes los auf dem Markt. Da steht ein blonder Mann, ein deutscher vermutlich, tastet an seiner Hemdtasche herum. Ruft aufgeregt: mein Geld. My Money. Da springen die Marktfrauen schon auf und davon. Sie haben es gesehen. Der Dieb ist zu bedauern. Sie fangen ihn und watschen ihn ordentlich durch, er versucht das Geld wegzuwerfen. Eine Mammie reißt es ihm aus der Hand und haut es ihm um die Ohren. Die ganze Zeit schreien und schimpfen die Marktfrauen in ohrenbetäubender Frequenz. Sie erklären dem Ausländer, daß dieser Dieb ein Halunke ist, eine Ausnahme, eine Schande für seine Mutter. Sie entschuldigen sich für den Dieb, schenken dem Bestohlenen Orangen, necken ihn, lachen ihn auch ein bißchen aus, und schon gibt's Gesprächsstoff für den Rest des Tages, oder jedenfalls bis mittags. Dann wird die Sonne zu heiß. Eine Marktfrau nach der anderen legt sich aufs Ohr, deckt die Ware mit einem Tuch zu, schläft ein, das Kind immer noch an den Rücken gebunden...

Auch Ibrahim hat aufgehört zu hämmern und zu werkeln. Seit dem frühen Morgen arbeitet er an dem Blechkoffer. Er ist der »grand frère«, der große Bruder, der die Familie miternähren muß. In der Frühe schickt er die petits frères, die bedauernswerten kleinen Brüder, los, um Schrauben und Metall heranzuschaffen. Die Jungs müssen ihrem Bruder gehorchen. Im Grunde haben sie keine Chance, etwas Eigenständiges zu machen, solange der Bruder ihre Dienste beansprucht. Sie fügen sich, das ist Familientradition. Ibrahim hat eine Werkstatt am äußersten Rand des Marktes. Er verarbeitet alle möglichen Blech- und Metallreste zu neuen Gegenständen. Er fertigt Schutzbleche, Kochgeschirr, neue Schrauben, Blechspielzeug, das heute hauptsächlich als Reycling-Kuriosität von ausländischen Entwicklungshelfern und Besuchern gekauft wird. Er macht ein gutes Geschäft. Recycling ist die große Stärke Afrikas – da können die Industrieländer noch viel lernen. Kaum ein Abfallprodukt wird für immer weggeworfen.

Der letzte Tag in Afrika: heute scheinen die Farben besonders bunt, die Frauen besonders lustig, die Musik besonders scharf zu sein. Ich denke an Deutschland. An die sauberen Straßen, die ordentlichen Geschäfte. Es ist nicht nur schrecklich. Ich sehne mich auch ein bißchen nach dem Übersichtlichen, Geordneten. Afrika – und ganz besonders ein afrikanischer Markt – will bewältigt werden. Die Anregungen, das Chaos, die Impulse scheinen grenzenlos. Ich stelle meine Tasche bei einer Melonenverkäuferin ab. Sie nickt mir zu. Später wird nichts aus dieser Tasche fehlen, in der meine gesamte Habe einschließlich Reisepaß steckt. Alle drei Meter dröhnt neue Musik aus einer überdimensionalen Boom-Box. Afrika ist eine unendlich kreative Ursubstanz, aus der sich jeden Moment neue Formen, Farben, neue Talente, neue Ideen entwickeln. Hier kann man sehen, was Verwandlung wirklich bedeutet, wie aus Armut geniale Ideen wachsen, wie aus Müll Kunstwerke entstehen. Neben dem Marktgebäude, in dem an die dreißig Schneider Stoffe verarbeiten, Hosen, Röcke, Blusen für wenig Geld in kürzester Zeit nähen, werden die Cassetten der Stars von morgen für ein paar Pfennige angeboten, Cassetten, die zum Teil auf der Straße aufgenommen wurden. Alpha Blondie, der heute in Paris als Star gilt, hat so angefangen, Zao, Majek Fashek, Nahawa Doumbia, Alex Zitto... Hier zählen nur schwarze Musiker. Wenn auch die Uhren, die Cassettenrecorder, die Mopeds, die Taschenrechner, die Autos aus der westlichen Welt heiß ersehnt werden, in der Musik gibt's nur eins: schwarze Musik, Widerstand gegen Rassismus, Widerstand gegen das Apartheidsregime in Südafrika und glühende Verehrung für das tote Idol Bob Marley.

Die Nacht fällt plötzlich und ohne Dämmerung. Überall glimmen die kleinen Holzfeuer auf. Konservenmusik vermischt sich mit Trommeln. Ich sitze am Feuer einer Straßenköchin und esse gebratene Yams mit scharfer Soße. Tränen schießen mir in die Augen, gemischte Gefühle. Endlich wieder baden! Endlich wieder Schinken zum Frustück! Aber wo bleibt dann dieses elementare Lebensgefühl, diese Gelassenheit, die über mich kommt, sobald ich eine Woche in Afrika bin...

Eine junge Frau nimmt mich an der Hand und zieht mich hoch. Ein Junge trommelt auf einer großen Sardinenbüchse, die mit Fell bespannt ist, ein anderer fällt ein: mit dem hölzernen Schlegel auf der Lostrommel aus Holz. Etliche klatschen. Die Feuer rauchen, die Marktfrauen lachen und unterhalten sich schreiend. Im Morgengrauen wird mein Flugzeug abheben, und ich werde langsam wieder die Sehnsucht schüren...

AFRIKANISCHE MÄRKTE

Wer den Zauber afrikanischer Märkte entdecken will, muß hinter die Oberfläche schauen, denn diese Märkte sind wie Rohdiamanten, eingehüllt in Staub und Dreck, scheinbar ohne besonderen Wert und dabei voller Wunder. Auf einem afrikanischen Markt tritt das Verhältnis »weiße Ausbeuter« und »schwarze Ausgebeutete« in den Hintergrund. Hier haben Afrikaner-Innen zweifellos Heimvorteil, und hier setzen sie ihre größten Fähigkeiten ein.

Mali

BAMAKO in Mali ist der Ausgangspunkt für Ausflüge zu berühmten kleineren Märkten. Der Markt in Bamako selbst ist eher unscheinbar. Zwar ist das Marktgebäude, ein alter Lehmbau, sehr schön, auch Marché Rose genannt wegen der rötlichen Färbung, aber das Marktgeschehen um das Gebäude herum ist schon zum großen Teil mit chinesischer Billigware und europäischem Plunder ausgestattet (weshalb es uns romantische EuropäerInnen nicht so hinzieht...). Im Marché Rose selbst gibt es dagegen echte Kostbarkeiten auszugraben. Aber glauben Sie ja nicht, daß diese Juwelen für einen Appel und ein Ei weggehen. Zum Glück wissen die Händler mittlerweile sehr genau, was Amber, Karneol und Millefioriperlen aus dem 17. Jahrhundert wert sind. Die Preise liegen zwar immer noch weit unter denen, die man in Europa dafür zahlen müßte, haben aber in den letzten Jahren kräftig angezogen. Der Markt von Bamako hat vor allem eine schöne Auswahl an blauen und roten Dogon-Perlen sowie den handgefertigten Steinperlen der Dogon. Gelegentlich findet sich auch Bernstein (»ambre«) – da muß man sich allerdings sehr genau auskennen, denn die meisten »Amber«-Ketten bestehen aus Plastik.

Von Bamako aus in ca. 14 Stunden mit dem Bus oder ca. 7 Stunden Sammeltaxifahrt zu erreichen ist einer der schönsten Märkte Westafrikas: DJENNE. Dieser Markt findet nur montags statt, und alle Händler der Umgebung treffen sich hier. Angeboten wird alles, was zum afrikanischen Leben wichtig ist: Schmuck, Stoffe, Gemüse, Obst, Vieh, Lebensmittel, Korb- und Raffiawaren usw. In der Regenzeit liegt Djenne auf einer Niger-Insel, in der Trockenzeit ist die Zufahrt über eine Piste möglich. Was Djenne für die meisten Besucher zum unvergeßlichen Erlebnis macht, ist die Moschee aus dem 15. Jahrhundert, die in der uralten, traditionellen Lehmarchitektur errichtet und mit Lehmmörtel geglättet wurde.

Fast ebenso schön ist die Moschee von MOPTI. Dort gibt es ebenfalls einen vielseitigen und wunderschönen Markt, auf dem man immer wieder ungewöhnliche Kostbarkeiten finden kann – mit Geduld, Liebe zum Detail und Lust am Herumstöbern. In Mopti findet man, wegen der Nähe zur »Falaise«, wo immer noch Siedlungen des rund tausend Jahre alten Volkes der Dogon bestehen, hauptsächlich Arbeiten dieses Volkes, z. B. die Metallgußfiguren, in der verlorenen Lehmform gefertigt, und Masken, Holzschnitzarbeiten, Perlen und Gerätschaften der Dogon und Tellem. Wunderschön ist auch der Schmuck der Bambarafrauen. Sie tragen ihren Reichtum in Form von riesigen Goldohrringen aus getriebenem Goldblech am Körper. In Mopti mischt sich auch die Handwerkskunst der Tuareg dazwischen, und überall werden ihre kunstvollen Lederarbeiten und Silberschmuckstücke angeboten.

Wer den Nerv hat, am Niger noch weiter nördlich nach GAO zu fahren, sieht den Niedergang des alten Nomadenvolks überdeutlich. Gao, einst die Perle aller Oasen in Mali, eine Tuaregstadt am Rande der Wüste, vergleichbar nur noch mit dem sagenhaften Timbuktu damaliger Zeiten, ist heute verarmt, verelendet und verdreckt. Die Tuareg wurden aus den Machtbereichen verdrängt. Heute regieren dort in der Hauptsache die Peul oder Bella. Die Hungerkatastrophen der letzten Jahrzehnte schlagen sich in Gao am sichtbarsten nieder, ebenso wie die verschiedenen Epidemien von Kinderlähmung, Meningitis und Lepra. In kaum einer

Stadt wird auch die Gefahr des Nigers, des lebensspendenden Flusses, so deutlich wie in Gao. Flußblindheit und Bilharziose haben Augenkrankheiten und Blindheit bei großen Teilen der Bevölkerung ausgelöst. Malaria grassiert Trotzdem ist Gao, zusammen mit Mopti, dem »Venedig des Nordens« von Mali, einer meiner Lieblingsplätze. Das alte, etwas heruntergekommene Hotel »Atlantide« in Gao birgt noch etwas vom Zauber und von der Verzweiflung früher Abenteuerreisen, und der Markt ist aus der Nähe besehen ein Traum aus Tausendundeiner Nacht.

UNTERKÜNFTE: Bamako – Hotel de l'Amitié (Sofitel), B.P. 1720, Tel. 224303. Dort gibt es Zimmer nur auf Voranmeldung. Der Hotelbus holt die Gäste vom Flughafen ab. Hotelpersonal besorgt (um den doppelten Preis) das Visum, falls es fehlt. Grand Hotel, Avenue de la Liberté, hinter dem Bahnhof, B.P. 104, Tel. 222481. Hotel Chinois Lido B.P. 133, Tel. 222188. Fünf Kilometer außerhalb von Bamako in der Nähe von Kati. Wunderschöne Lage an einem kleinen Fluß mit Steinterrassen (Schweiz in Afrika, würde ich sagen). Von allen Hotels ist es das paradiesischste, wenn auch etwas einfacher als Amitié und Grand Hotel. Die chinesische Leitung wirkt etwas exotisch. Das gesamte Personal, ob chinesisch oder afrikanisch, ist jedenfalls sehr freundlich und zuvorkommend.

Sehenswert in Mali des weiteren: Das Nationalmuseum in Bamako, bei dem man sehen kann, wie rar die traditionelle Kunst im eigenen Land ist. Man möchte das Musée de l'Homme in Paris oder das Völkerkundemuseum in Berlin bitten, doch einige Stücke der Dogon, Tellem oder Bambara wieder ans Ursprungsland Mali zurückzugeben. Das Museum dort könnte sie brauchen und leistet wertvolle Geschichtsarbeit. Die Dörfer der Dogon an der Falaise, hauptsächlich Bandiagara, wo gelegentlich auch traditionelle Tänze und Feste stattfinden; die Mandingo-Berge für Menschen, die gerne wandern (südwestlich von Bamako) und der Nationalpark Boucle de Baoulé (um Tiere zu sehen, braucht man ein eigenes Auto und viel Geduld).

Djenne – Campement (sehr, sehr einfach!).

Mopti (Campement (einfach, schön, mit wundervollem Innenhof, Orchideen usw.).

Gao – Hotel Atlantide (schönes, altes, einfaches Hotel).

Togo

In der Hauptstadt LOME gibt es einen großen Markt, auf dem alles zu kaufen ist, was man für Leben und Genuß brauchen kann. Lome eignet sich aber hauptsächlich zum Akklimatisieren in Afrika, für Reisende, die noch nie auf diesem Kontinent waren. Der Autoverkehr ist diszipliniert, die Preise sind festgelegt, alles ist relativ überschaubar und sauber.

Die Kuriosität unter afrikanischen Märkten ist der Fetischmarkt von BÉ, das ist ca. 4 km außerhalb der Hauptstadt Lome. Hier kaufen alle HeilerInnen und Zauberer ihre Zutaten für starke Medizin ein. Es heißt, daß vor Jahren unfruchtbare amerikanische Frauen mit Chartermaschinen nach Bé gepilgert sind und dort auf wundersame Weise fruchtbar gemacht wurden. Trotz intensiver Nachforschung bin ich zwar diesem Gerücht überall begegnet, konnte dafür aber keine konkreten Hinweise finden. Auf dem Fetischmarkt werden dem neugierigen Fremden meist mindestens zweihundert Mark abgenommen. Die Fetische aber sind – das habe ich persönlich getestet – sehr wirkungsvoll. Ich möchte nur vor dem Liebeszauber warnen...

In VOGAN in der Nähe des Togo-Sees findet jeden Samstag ein sehr schöner, bunter Wochenmarkt statt. In ANECHO, ca. 60 Kilometer von Lome entfernt, dem Zentrum der Voudou-Magie in Togo, gibt es mehrmals in der Woche einen Markt. Man muß sich nach den Zeiten erkundigen. Wenn Markttag ist, donnerstags, lohnt sich ein Besuch. Der Markt ist von einer Mauer umschlossen und birgt auf einer relativ kleinen Fläche eine unglaubliche Menge verschiedenartiger Eindrücke.

UNTERKÜNFTE: Lome – Hotel Sarakawa, B.P. 2232, Tel. 216590: Luxusklasse, Spitzenpreis. Hotel de la Paix, Route d'Aneho, Tel. 6668. Hotel Le Benin, B.P. 128, Tel. 212485. Hotel du Golfe, Rue de Commerce (ganz nah am Markt, sauber, gemütlich), B.P. 36, Tel. 5154.

Das einzige Stück Strand, das sich zum Schwimmen im Meer eignet, liegt vor Robinson Plage und Ramatou Plage. Dort ist die ehemalige Küstenstraße vom Meer ausgespült worden und bildet jetzt einen Schutzwall mit einer Art Lagune. Die ganze westafrikanische Küste wird von einer gefährlichen Unterströmung gesäumt, in deren Turbulenzen sich gern hungrige Haifische aufhalten. Robinson Plage und Ramatou Plage sind Strandhotel-Anlagen relativ einfacher Art (Zimmer in Bungalows oder Strandhütten). In beiden Hotels kann man sehr gut essen, vor allem Fischgerichte und einheimische Speisen.

Elfenbeinküste

Wie in jedem afrikanischen Land ist die Hauptstadt der Elfenbeinküste nicht typisch für das Land, und auf dem Land ist es auch viel schöner. Für den Touristen, der vielleicht zum ersten Mal kommt oder für Leute, die wenig Zeit zum Reisen haben, ist es aber trotzdem ganz reizvoll, sich die Hauptstadt anzusehen und von dort vielleicht ein paar Ausflüge zu machen. ABIDJAN ist eine verkehrsreiche, hektische Stadt, sehr europäisch, sehr modern, von Lagunen umgeben – entsprechend feucht ist die Luft. Der Markt im Stadtteil Treichville ist der interessanteste. Es gibt in der Hauptsache Stoff und Schmuck zu kaufen, auch Goldschmuck. Man geht über eine Treppe in das Marktgebäude hinauf und läßt sich dann von Verkaufsstand zu Verkaufsstand schleusen. Es ist unnötig, die Geldbörse zu verstecken oder fest zu umklammern. Die Händler lieben es sportlich und genießen es erst dann so richtig, wenn sie jemanden geschickt zum Kaufen anspornen und ihn dann eventuell noch ein wenig übers Ohr hauen können. Nirgends ist es so wichtig wie hier, zu wissen, was man sicher nicht will und nicht braucht.

UNTERKÜNFTE: Hotel d'Ivoire, B.P. 1, Tel. 441045 (Luxushotel, Spitzenpreise). Hilton, B.P. 2185, Tel. 322600. Novotel, B.P. 3718, Tel. 320457.

Ghana

Ich werde jetzt nicht behaupten, daß Ghana ein klassisches Reiseland oder gar, daß Accra ein klassisches Reiseziel ist. Bis vor kurzem konnte man gar nicht so ohne weiteres in Ghana einreisen. Die Revolution hatte das Reisen und das Handeln kompliziert gemacht. Mittlerweile hat sich die Lage aber so weit normalisiert, daß nicht nur die Einreise nach Ghana, sondern auch das Geldtauschen (Cedi und CFA, die westafrikanische Festwährung, stehen fast 1:1), die Fortbewegung und die Übernachtung unproblematisch sind.

Man könnte jetzt sagen, daß »unproblematisch« nicht unbedingt das ist, was man als Reiseerlebnis sucht, oder schärfer: wozu nach Ghana reisen? Dazu muß ich persönlich werden. In Ghana lodert die ungebremste Lebenslust, da wird gelacht, getanzt, geschrien, gestritten. Und – es gibt die schönsten Stoffe und Perlen ganz Westafrikas.

ACCRA: neben dem allgemeinen Markt, der bunt und riesengroß ist, und auf dem alle Frauen riesige Strohhüte tragen, gibt es das Art Center, eine Art Kunst- und Handwerksmarkt. Hier kann man (Ghana ist eben touristisch eher unerschlossen!) noch schöne alte Kente-Stoffe (das sind Häuptlingsstoffe der Ashanti) und Ashanti-Perlen kaufen, es gibt eine reiche Auswahl an westafrikanischen Holz- und Metallplastiken, Masken, Stein- und Lehmskulpturen, handgebatikte Stoffe und stempelbedruckte Stoffe der Ashanti und der Ga, eines ghanaischen Stamms, der an der Küste lebt. Man findet zum Teil alte Spinngewichte, Zauberutensilien, Schlangenhäute und -knochen, Messingglocken an Halsketten, usw.

Fast noch schöner finde ich den Markt in KUMASI, der Ashanti-Hauptstadt, ca. 200 km nordwestlich von Accra. Kumasi liegt sehr malerisch, von Bergen umgeben am Rande des Dschungels. In der Nähe von Kumasi werden die traditionellen Ashanti-Perlen hergestellt, und ca. 18 km nordwestlich von Kumasi, in Bonwire, wird der traditionelle Kente-Stoff gewebt. Südlich von Kumasi liegt die größte Goldmine Ghanas, entsprechend finden sich in Kumasi sehr schöne Goldarbeiten. Man kann auch bei Goldschmieden Arbeiten in Auftrag geben.

UNTERKÜNFTE: Accra – Hotel Shangri La, B.P. 9201, ca. 2 km außerhalb von Accra, Tel. 774888 (Luxus) und Hotel Granada, direkt nebenan, Tel. 775343 (etwas einfacher). Beide Hotels halten Pferde und sind dem Poloclub von Accra angeschlossen, beide haben Swimmingpool. Das Granada ist etwas familiärer. Außerdem: Novotel, direkt am Markt- und Buschtaxiplatz.

Kumasi – Catering Rest House, etwas außerhalb von Kumasi, traumhaft schön gelegen, mit wunderbarem Blick auf Kumasi (einfach). Hotel Kingsway, direkt im Zentrum.

In Ghana lohnt sich ein Besuch in ABURI, wo es auch ein Government Rest House gibt (einfach). Aburi ist ein Park, der von der englischen Königin angelegt wurde, in dem möglichst alle Bäume und Pflanzen, die es in Ghana gibt, angepflanzt werden sollten, um sie zu dokumentieren und vor dem totalen Aussterben zu bewahren, eine Art Botanischer Garten. Aburi liegt ca. 40 km nördlich von Accra.

Nigeria

Ich nehme zwei Märkte Nigerias in meine Beschreibung mit auf, obwohl mir klar ist, daß Nigeria zur Zeit als Reiseland nicht empfohlen werden kann. Es gibt dort auch keinen Tourismus, weil die politische und wirtschaftliche Lage der derzeitigen Militärregierung sehr kritisch ist. Sollten Sie aber geschäftlich in Nigeria zu tun haben, versäumen Sie nicht einen Besuch in OSHOGBO, dem Handelszentrum der Yoruba und dem Zentrum der Yoruba-Religion.

In Oshogbo und dem nahe gelegenen Ile-Ife (Ort der Liebe), wo es ein ausgezeichnetes Museum für die dort ausgegrabenen Bronzefiguren gibt, blüht die Yoruba-Kultur in ihren vielfältigen Erscheinungsformen. In Oshogbo lebt zudem Susanne Wenger, die österreichische Künstlerin, seit 40 Jahren Priesterin des Yoruba-Kults, die auch einen kleinen Laden mit religiösen Kunstwerken der Yoruba unterhält. In Oshogbo und Ile-Ife kann man traditionell gebatikte Stoffe, Bronzen, Holz- und Steinfiguren sowie Schmuck kaufen.

BIDA ist das uneingeschränkte Zentrum afrikanischer Glasperlenherstellung. Die Perlen von Bida sind, wenn möglich, berühmter als die alten venezianischen Glasperlen und werden in ganz Afrika als Handels- und Tauschware geschätzt. Die Glasperlenmacher von Bida stehen in einer jahrhundertealten Tradition. Der Glasperlenmarkt von Bida ist die ganzen Schwierigkeiten einer Reise nach Nigeria wert.

Hotels in Nigeria sind relativ teuer bei relativ geringem Komfort, z. B.

das Heritage Hotel in Oshogbo (etwas außerhalb jenseits des Oshun-Flusses).

Niger

Niger ist, wie Mali, ein Sahel-Land und liegt in ständigem Kampf mit der Wüste, die sich immer weiter nach Süden ausbreiten will. Während Mali versucht, den Tourismus im Land zu fördern (vor allem wegen der beliebten Reisen zu den Dogon), kann derartiges vom Niger nicht behauptet werden. Nach gängigen touristischen Maßstäben gibt es »nichts zu sehen«. Wer sich aber für die Kultur der Tuareg, dieses vom Aussterben bedrohten Nomadenvolks, oder für die Felszeichnungen im Air-Gebirge oder in der Tenere-Wüste interessiert, für den ist Niger hochinteressant.

NIAMEY, die Hauptstadt, ist in erster Linie staubig. Der alte Markt ist abgebrannt, und an seiner Stelle wurde ein futuristisches Bauwerk errichtet, das ein Markt sein soll, aber als solcher kaum funktioniert. Dort ist, schlicht gesagt, nichts los. Der kleine Markt dagegen, Le Petit Marché, pulst und lebt. Am Rande dieses Marktes gibt es auch die Buden mit Schmuck, Leder- und Metallarbeiten, die es lohnt durchzustöbern. Niamey hat hauptsächlich Tuareg-Arbeiten und -Schmuck anzubieten.

Wer Zeit hat, sollte unbedingt nach AGADEZ fahren oder fliegen. Dort blüht die Kunst der Tuareg-Silberschmiede. Außerdem findet man Decken, Stoffe, Ledertaschen usw. relativ günstig (ich weiß, das Teure ist die Reise!). Von dort aus kann man auch Touren zu den diversen Felsmalereien unternehmen. Heutzutage ist das noch ein richtig strapaziöses Abenteuer, und ich werde so lange dorthin fahren, bis der organisierte Massentourismus (vielleicht die einzige wirtschaftliche Rettung Nigers!) ankommt.

UNTERKÜNFTE: Niamey – Grand Hotel, Tel. 732641, B.P. 471; Hotel Gawaye, Tel. 733400; Hotel Tenere, Tel. 732641.

Agadez – Hotel Air, alter Kaocen-Palast, Luxusherberge in alter Lehmbauweise errichtet, in der Nähe des Marktes. Family House, einfaches, gemütliches, sauberes Hotel.

Für alle erwähnten Hotels mit Ausnahme von Aburi/Ghana, Catering Rest House Kumasi/Ghana, die Campements und Heritage Hotel in Oshogbo gilt, daß sie Klimaanlage, Bad oder Dusche, einen Swimmingpool und ein gutes Restaurant haben. Wer im Hotel ißt, bekommt solide internationale Küche serviert. Wem das für Afrika zu wenig speziell ist, dem sei empfohlen, sich beim Hotelportier nach guten einheimischen Restaurants zu erkundigen. Oft kann man auch in kleinen, einfachen Restaurants sehr gut essen, und es gibt kaum hygienische Probleme (keinen Salat!). Viel problematischer ist es, ständig eisgekühlte Drinks zu trinken. Einmal muß der Körper schwer arbeiten, um die Kälte wieder auszugleichen, zum anderen sind oft gerade Eiswürfel verseucht. Das Bier, insbesondere in Togo (Benin-Bier) ist ausgezeichnet. Zudem gebe ich den Rat einer befreundeten Krankenschwester weiter: eine kleine Taschenflasche Whisky mitnehmen und gelegentlich einen Schluck daraus trinken – desinfiziert wunderbar. Ich persönlich esse bei den Straßenköchinnen, da ist das Essen so scharf, daß es dreimal brennt (und desinfiziert).

Reisebedingungen

Entgegen anderslautenden Warnungen bin ich auf elf Afrika-Reisen weder bestohlen, noch gewaltsam angegriffen worden (einzige Ausnahme war eine Reise durch Nigeria während eines politischen Ausnahmezustands). Ich stellte allerdings fest, daß es nicht verstanden wird, warum man freiwillig nach Afrika fährt oder was man dort sucht. Die meisten Menschen suchen Kommunikation mit Fremden, sind äußerst hilfsbereit und liebenswürdig und wollen einfach wissen, wie man lebt und wie es anderswo ist.

Es ist allerdings ratsam, nicht allzuviel zu fragen und große Hilflosigkeit zur Schau zu stellen, das fordert den »Heimvorteil« und das Spielerische der Einheimischen heraus – und das kann anstrengend werden.

Gehen, schauen und genießen ist allgemein akzeptiert und wird verstanden. Wer gute Geschichten erzählen kann, macht sich schnell

Freunde. In Ghana und Nigeria erzählt man diese Geschichten auf englisch, in Mali, Niger, Elfenbeinküste und Togo auf französisch. Wer diese Sprachen nicht kann, sollte so überzeugend wie möglich in der eigenen sprechen.

Im allgemeinen werden Afrika-Reisende per Flugzeug oder mit dem Pkw durch die Wüste Sahara kommen. Deutsche Staatsbürger brauchen nur für Ghana, für Nigeria (stellt kein Touristenvisum aus, nur auf Einladung einer dort ansässigen Person oder für Geschäftsreisen) und für Mali ein Visum. Alle Visa bekommt man in Bonn. Schweizer Staatsbürger brauchen ein Visum für Mali, Niger, Elfenbeinküste, Ghana, Nigeria und Togo, ÖsterreicherInnen ebenso. Folgende Fluggesellschaften fliegen westafrikanische Flugplätze an oder bieten Excursion- oder Rundreisen: Air Afrique, UTA, Swissair, Sabena, KLM, Lufthansa, Aeroflot.

Zu beachten ist dabei, daß alle Air Afrique- und UTA-Flüge über Paris gehen, daß Sabena besonders günstig ist und daß Swissair die angenehmsten Flugbedingungen bietet.

In den afrikanischen Ländern selbst kann man entweder fliegen (alle Inlandsflüge sind billig) oder mit Taxi, Mietwagen oder Buschtaxi reisen. Letzteres zählt zu den letzten Abenteuern der Menschheit und erscheint mir als die Herausforderung, die Reinhold Messner nie annehmen würde.

Zum Handeln auf Märkten ist schließlich noch eine Kleinigkeit zu sagen: es gibt immer diese Leute, die sich brüsten, unter die Schmerzgrenze gedrückt und dadurch etwas »spottbillig abgesahnt« zu haben. Afrika ist ein von Europa durch und durch ausgebeuteter Kontinent. Mir persönlich gibt es nirgendwo so eine Befriedigung, mich übers Ohr hauen zu lassen, wie auf einem afrikanischen Markt. Seit mir klar ist, wieviele Menschen von den Einnahmen der HändlerInnen leben, lasse ich mein Geld – sofern ich es habe, versteht sich – gern dort. Andererseits macht es mir Spaß, meine erworbenen Kenntnisse von lokalen Stoffen, Schmucktüten, Lederarbeiten und Schmiedearbeiten einfließen zu lassen. Das verschafft mir oft Respekt, denn die Künstler und Handwerker spüren, daß ihre Arbeit geschätzt und verstanden wird.

Zum Weiterlesen:

DuMont Kultur-Reiseführer Sahel von Thomas Krings, Köln 1982.
West-Afrika-Reiseführer von Anne Wodtcke, München 1988.
Sahel von Hans Ritter, München 1986.
Zu viele Teufel im Land von Paul Parin, Frankfurt 1985.
Der Afrikanische Traum von Luisa Francia, Zürich 1984.
Afrika wird totgefüttert von Randolph Braumann, Hamburg/Zürich 1986.
DuMont Kultur-Reiseführer Sahara von Gerhard Göttler, Köln 1984.

Afrikanische Kunst/Schmuck:

Alle Perlen dieser Welt von Lois Sherr Dubin, Köln 1987.
Kunst aus dem alten Afrika, Maria Kecskesi, Völkerkundemuseum München, 1982.
Die Götter Schwarzafrikas von Werner Bonin, Graz 1979.
Die Kunst von Schwarz-Afrika, Zürich Kunsthaus (Katalog) 1971.
Die Frau in Afrika von Blandena Lee Kossodo, TB München 1980.
Afrika im Schmuck von Angela Fischer, Dumont 1990.

KULT-FIGUREN

Wir beugen uns zu fünft über das Loch in der Erde. Mawuli gräbt mit bloßen Händen. Ein Kopf kommt zum Vorschein, schwarz glänzend, fettig. Vorsichtig streift Mawuli die Erde von der Stirn, er legt den Rest der Figur frei und holt sie aus der Erde. Lebhafte Diskussionen beginnen, während Mawuli die Figur säubert und mit einer alten Zahnbürste den Dreck aus den Ritzen bürstet.

Ibrahim tritt vor und grinst. Alle schauen ihn erwartungsvoll an. »Schön«, sagt er. »Sehr schön. Vor allem die Patina. Und dann noch die Wangen-Tätowierung... Woher kennst du denn die Yoruba-Tätowierung der Schmiede?«

Mawuli lacht. Er holt ein Buch von dem selbstgezimmerten Regal und schlägt eine Seite auf, die er schon angemerkt hat. Er rattert den Text herunter, die Erklärungen der Tätowierung. Alle lachen.

»Schade«, sagt Ibrahim. »C'est vraiment dommage.«

»Was denn?« fragt Mawuli. Vorsichtig bläst er Lehmkrümel aus dem Buch und klappt es zu.

»Die Zeit für Ibedjis ist praktisch vorbei», sagt Ibrahim. »Du kriegst keinen anständigen Preis mehr dafür.«

Mawuli läßt sich auf den Lehmboden fallen. »Weißt du, wieviel Arbeit ich in diese Figur gesteckt habe?«

Die Werkstatt des Schnitzers ist jetzt voll mit neugierigen Nachbarn, Kindern, Hunden und Hühnern, die allmählich hereingekommen waren. Ibrahim bietet Mawuli eine Marlboro an. Ibrahim ist Kunsthändler. Er versorgt viele Galerien in Paris, aber auch internationale Auktionshäuser, mit afrikanischen Figuren. Seine Leute steigen in die alten Dogon-Dörfer und holen Getreidespeichertüren, alte Treppen, Fetische, Stützpfosten.

Weil ich Fanta, seine Frau, die Markthändlerin, kenne, war er bereit, mir etwas von seiner Arbeit zu erzählen und nimmt mich sogar mit zu seinen »Quellen«.

»Der Kunstmarkt ist ein hungriges Tier«, sagt er. »Wenn heute in einer Zeitung steht, daß alte afrikanische Zauberfiguren eine gute Geldanlage sind, dann wollen die Leute alte Zauberfiguren haben. Aber woher soll ich die nehmen? Das alte Zeug ist verrottet, zerstört. Also füttern wir die Hungrigen«, er lacht genüßlich auf, »mit anderen Dingen.«

Die Kinder des Schmieds pissen unter großem Gejohle auf eine Bronzefigur, damit sie schneller Patina ansetzt.

Mawulis Frau ruft über den Hof. Wir sollen zum Essen komen. Ich gebe Kiwi, ihrer Tochter, Geld für Bier und Limonade und eine kleine Münze für Bonbons. Sie rennt los.

»Eine Zeitlang waren alle scharf auf Wurfmesser«, sagt Ibrahim beim Essen, »und da war ein Run auf Senufo-Figuren, Dogon-Ahnenfiguren, ja, und die Bateba-Schutzfiguren...«

»Das war noch ein Geschäft«, sagt Josefine.

»Er hat an einer so lange gearbeitet, bis du sie nicht mehr von den uralten Figuren im Buch unterscheiden konntest.«

»Wochenlang«, sinniert Mawuli.

»Das war immer gute Arbeit«, sagt Ibrahim.

»Ich habe mich gefragt, warum die Dan-Masken diese seltsame Wölbung im Gesicht haben«, sagt Mawuli. Kiwi schiebt ihm kichernd ein Bier hin. Er zieht den Verschlußring hoch und betrachtet ihn einen Moment lang irritiert.

»Weißt du, die Bücher sind nicht schlecht, aber ich habe bemerkt, daß sie alle voneinander abschreiben.«

»Ich frage mich, warum sie auf das Zeug so scharf sind«, sagt Josefine, auf beiden Backen kauend. »Ich meine, das ist doch verrückt, c'est fou, non? Wenn die Mammissi hier eine neue Figur braucht, dann achtet sie darauf, daß sie gut gearbeitet ist, daß alle Einzelheiten stimmen, daß die heiligen Zeichen dran sind, aber sie läßt doch nicht die Kinder drauf pissen, sie läßt sie nicht schmutzig machen oder so. Was soll denn das für einen Sinn haben.«

»Europa ist zu sauber«, grinst Ibrahim.

»Iß doch«, sagt Josefine und schiebt mir die Blechschüssel mit dem scharfen Fischtopf hinüber. Ich schöpfe mit meinem Blechnapf »made in China« etwas heraus und tauche ein Maniokbällchen ein. Die Kinder schauen mit offenem Mund zu, wie das von Soße tropfende, dampfende Maniokbällchen in meinem Mund verschwindet. Dann kichern sie. Die Limonade ist süß und klebrig und von giftiger oranger Farbe. Besser als der Gin, der in der Nähe der Hauptstadt aus Methylalkohol hergestellt und mit einem Originallabel versehen wird. Wieviele Menschen hier an gepanschtem Gift-Alk mit Originaletikett jährlich sterben, ist nicht überliefert.

Ibrahim nimmt ein paar CFA-Scheine aus seiner Hosentasche, in der er ein dickes Bündel stecken hat. »Du bekommst den ausgemachten Preis«, sagt er. »Ich geb' die Figur nach New York.«

Der alte Fetischpriester kommt. Seine Augen mustern die Runde, dann, prüfend, mich. Ich halte seinem Blick stand. Sein Gehilfe schiebt ihm einen kleinen Stuhl hin, und der Priester setzt sich. Bier wird ihm angeboten. Er nickt würdevoll und trinkt. Sein Alter ist schwer zu schätzen, er könnte alles zwischen dreißig und siebzig sein.

Josefine fragt den Assistenten etwas, der die Frage an den Priester weitergibt, dieser antwortet dem Assistenten und der wiederum antwortet der Frau. Sie nickt. Sie zieht eine kleine Holzfigur, in Stoff gehüllt, aus dem Bund ihres Tuchs und löst den äußersten Zipfel des Tuchs heraus, in den ihr Münzengeld eingewickelt ist. Sie gibt dem Fetischpriester ein paar Münzen, zusammen mit der Figur. Er nimmt die Figur, fängt an zu murmeln und zu untersuchen, dann flüstert er der kleinen Holzpuppe etwas ins Ohr und gibt sie der Frau wieder.

Unterdessen brechen alle auf. Im Hof ist ein Stuhl bereitgestellt. Der Priester kommt aus der Hütte und setzt sich auf den Stuhl. Ibrahim gibt ihm eine Terrakottafigur. Er streicht darüber, stellt sie auf den Boden, holt ein Säckchen aus seiner Tasche und wirft Muscheln und Samen vor der Figur auf den Boden. Ibrahim macht Fotos: der Beginn einer Mythenbildung. Die Figur taucht auf dem Markt auf. Sie ist identifizierbar, denn zum Foto gibt es eine Geschichte. Oh ja, es wird schon eine seriöse Quelle sein, ein französischer Pater oder ein Ingenieur. »Kein Problem«, sagt Ibrahim. »Wir haben unsere Leute.«

An diesem Nachmittag werden einige Figuren »für den Kult eingeweiht« und damit »authentisch« gemacht. Es ist ein großes aufregendes Fest, vor allem für die Kinder. Zwei Helfer von Mawuli graben mehrere Holzfiguren unter dem Komposthaufen ein, der auch als Klo dient.

»Voodoo ist wieder im Kommen«, sagt Ibrahim zum Abschied.

Ein Ziegenhirte bläst auf einer kleinen Flöte. Ich bin von der Musik entzückt. Er zeigt mir, wie die Töne herauszulocken sind. Als ich ein bißchen spielen kann, frage ich ihn, ob ich ihm die Flöte abkaufen kann. Innerhalb von fünf Minuten kommen mehrere kleine Jungs und bieten mir Flöten an, die haargenau so aussehen wie die Flöte des Hirten.

In Ibrahims Auto, das jetzt bis auf den letzten Millimeter vollgepackt ist mit Körben, sorgfältig eingewickelten Holzfiguren und Rupfensäcken, quetschen sich außer uns noch zwei Schwägerinnen und ein »Cousin«. Wir fahren zurück in die Stadt. In einer Hotelbar »Interdit aux Nationaux« verhandelt Ibrahim mit einem jungen Mann. Sie reden heftig aufeinander ein, dann lachen sie. Das erfahre ich: morgen wird der junge Mann einer Gruppe von erholungssuchenden Ölbohringenieuren ein Dorf zeigen. Dort werden sie »zufällig« zu einem kleinen »Schrein« kommen, in dem kurz vorher zwei Figuren deponiert werden. Der junge Mann wird die »Verhandlungen mit dem Priester« führen, einem von Ibrahims Leuten. Und dann werden die Figuren zu einem wirklich guten Preis an die Ingenieure verkauft werden. Es geht nichts über Authentizität.

DAS FREMDE WAHR NEHMEN*

Einem Land, dessen Sprache das Wort »Kultur-Beutel« hervorgebracht hat, ist nicht zu trauen. Ehe wir von afrikanischer, von nigerianischer Kunst sprechen können, müssen wir uns die Kultur genauer betrachten, in der das Fremde wahrgenommen wird, aufgenommen werden soll.

»In Deutschland gibt es keine Bäume mit roten Stämmen«, sagte die Lehrerin und zerriß das Bild des türkischen Jungen.

»Kunst ist vor allem Ordnung«, sagte der Kunsterzieher und brachte Schülern bei, die Bilder so aufzuhängen, daß alle oberen Rahmenkanten in einer Linie hingen. Wer ihn ärgerte, mußte »zur Strafe« zwanzig Seiten gotische Schrift schreiben.

Der deutsche Innenminister, gleichermaßen zuständig für Gefängnisse, Polizeiverordnungen, RAF und Kultur, hat das persönliche Vetorecht bei Entscheidungen der staatlichen Kulturförderungsgremien.

»Meine Kunst bezaubert Dichter, Panphysiker und ein paar Analphabeten«, sagte sinngemäß Max Ernst, als er noch nicht wissen konnte, daß einmal die Daimler-Benz-AG seine Retrospektive mitfinanzieren würde. Die Analphabeten sind heute wohl die Industriellen oder die Kritiker. Für letztere wird in der Hauptsache produziert. Das letzte Hemd für eine gute Besprechung! Nein, für überhaupt irgendeine Besprechung! »Nicht mal ignorieren tun sie mich«, sagte Karl Valentin einmal.

»Wir sind von der Kunstkritik nicht abhängig, wir produzieren auch nicht für sie«, sagt ein großer Münchner Galerist, »aber Tatsache ist, daß ein Künstler, der von der Kritik nicht wahrgenommen wird, kaum

---

* Vortrag zum Symposium »Terms of Art« in der Kunsthalle Düsseldorf, November 1991.

eine Chance hat.« Dieser Galerist räumt ein, daß durch die Kritiker, an denen sich viele Sammler orientieren, Trends entstehen. Von einem Kritiker verstanden oder mißverstanden zu werden, ist Voraussetzung für Preissteigerungen der betreffenden Werke.

Wie entstehen denn Trends? Ist es reiner Zufall, daß Frauen und Künstler aus der sogenannten Dritten Welt kaum Galerien finden, die ihre Werke vertreten wollen, weil es kaum Kritiker und Galeristen gibt, die sich auf die »fremde« Vision der Welt einlassen wollen? Denn wie schon der Kunstkritiker Greg Tate bemerkte: »Neger und Frauen drücken die Preise«, und wenn ein Kunstwerk kein lohnendes Investitionsobjekt ist, interessiert sich kaum noch einer für die Vision, die dahinter steckt.

Bei einer Nachfrage unter Münchens Galeristen schält sich heraus, daß es (wenige) »Künstler gibt, die sich gegen Trends und Kritik durchsetzen«. In diesem Fall schwenken die meisten Kritiker um, so zum Beispiel Armin Eichholz aus München, der den Maler Herbert Achternbusch so lange verhöhnte, bis diesem ein Preis verliehen wurde. Jetzt erbot sich Eichholz, die Laudatio zu halten. Auf den Sinneswechsel angesprochen, meinte er nur: »Ach ja, man schreibt so vieles...«

»Der erste Schritt muß sitzen, sonst kommst du zum zweiten gar nicht mehr«, ist eine Erkenntnis des Underground-Künstlers Vlado Kristl.

Sind wir in einer Art »time-frame«, wie der New Yorker Galerist André Emmrich meint, in dem wir »unseren Geschmack mit allen anderen teilen«? Er rät, die Kunst zu kaufen, die Kunststudenten gegen Ende ihrer akademischen Studienzeit lieben, denn »in dreißig Jahren werden sie die Museen und die Medien beherrschen« und »den allgemeinen Geschmack bestimmen«.

Haben Kritiker eine eigene Meinung? Schwer zu sagen angesichts der Tatsache, daß heute, im Gegensatz zu den fünfziger Jahren, keiner mehr über Picasso herzieht, dafür aber neuen KünstlerInnen oder Strömungen verunsichert und ängstlich gegenübersteht. An der Entwicklung der »Jungen Wilden« ist das gut abzulesen. Die ersten Besprechungen über Ausstellungen der Galerie Moritzplatz strotzen vor Abscheu, Hohn, Vorurteilen. Später, als die Künstler arriviert sind, werden sie bis in die Tresore der Dresdner Bank hineingelobt. Kunst wird nicht mehr in den Werkstätten, den Ateliers gemacht, sondern auf dem Kunstmarkt. »Kunst ist ohne Kapital, ohne Kapitalismus gar nicht denkbar«, sagt Rosemarie Trockel.

Der Maler Sandro Chia gibt die Schuld an einem »völlig unrealistischen« Kunstmarkt den neureichen Sammlern. »Sie haben Schuldgefühle und wollen diese dadurch beseitigen, daß sie hohe Preise für Provokation und Rebellion zahlen, vorausgesetzt, die sind als Kunst anerkannt.«

Der Kunstmarkt wird auf das Niveau der Konsumenten zurechtgedrückt – mit Hilfe von Experten, die den Zeitgeist abschmecken und die Namen vorwärmen – dann werden die Produkte der Yuppie-Bourgeoisie angepaßt, dem Geldadel in die Designerhäuser maßgeschneidert. »Farblich sehr ansprechend«, sagte anerkennend ein Banker, der sich mit einem Disler-Bild eindeckte.

Heute wird hauptsächlich produziert, was die Kunstsachverständigen einer Bank, eines Automobilherstellers oder einer Zigarettenfirma für Kunst halten. »Wenn du bei denen drin bist, bist du saniert«, sagt Tallo Herhaus, junge Künstlerin, und spricht aus, was viele Kunststudenten ohnehin wissen. Förderstipendien und Preisausschreiben sorgen für entsprechende Orientierung der KünstlerInnen. Junge Nachwuchskünstler, die »etwas werden wollen«, haben sich gefälligst beim Hunderennen einzufinden, sonst fließt ja auch kein Geld. Kunst ist, was verkauft werden kann. Kunst ist, was die Anschaffung eines Tresors, einer Alarmanlage lohnt.

Oh ja, auch das Fremde hat Platz in dieser Szenerie. Da gibt es beispielsweise eine »Indianer«-(was-immer-das-ist)-Ausstellung im Münchner Gasteig, die pikanterweise von MacDonalds gesponsort wird. Da gibt es Ethno-Ausstellungen, wo wir kulturkolonialistisch mit Tradition, Geschichte, Kitsch und Kunst eines »Dritte-Welt-Landes« bekannt gemacht werden. Und während bei uns in Europa der Name alles ist, herrscht hier die No-Name-Gesellschaft. Alles ist »tradiert«! Das sind alles »Wilde«. Bis auf wenige Ausnahmen natürlich. Hat ein Sammler mal einen Künstler persönlich kennengelernt, dann erwähnt er stolz dessen Namen, falls er ihn aussprechen kann.

Die magere Ausbeute von Besprechungen neuer afrikanischer Kunst wirft mehr Fragen als Antworten auf.

Was bitte, heißt: »Das Individuum ist wichtiger als die Hautfarbe...« anläßlich einer Ausstellung afrikanischer Malerei (in einem Völkerkundemuseum natürlich)! Hat sich jemals ein Weißer den Kopf darüber zerbrochen, warum gerade er, mit weißer Hautfarbe, eine bestimmte Vorliebe für Pigmente oder für Acrylfarben hat? Oder warum er als Weißer nicht im Völkerkundemuseum ausgestellt wird?

Man stelle sich folgende Bemerkung über Baselitz vor: »Er ist ein Mann, der es verstanden hat, die Kunst seiner Vorväter zu vergessen und gelernt hat, sich auf seinen Leinwänden auszudrücken.« So wurde Cheri Sambas Kunst besprochen, der in Frankfurt unter einer rot-grünen, multikulturell orientierten Politik Aufwind und damit eine Ausstellung bekam.

Was heißt denn: »Der Auflösungsprozeß seines magischen Weltbilds...« in Zusammenhang mit einem nicht genannten schwarzen Künstler aus einem nicht genannten afrikanischen Land? Ist in Afrika eigentlich alles magisch?

»Seine Malereien wirken unklar, wie undeutlich gesprochene Sätze«, schreibt da ein Kunstkritiker. Wie würde sich das über, sagen wir mal Kiefer anhören? Ist es nicht vielleicht eine ganz andere Sprache, die da gesprochen wird, und die der Kritiker vielleicht lernen sollte, wenn er seinem Job gerecht werden will?

»Der Afrikaner« müsse seine »schöpferische Phantasie« nicht einbüßen, freut sich einer in der FAZ, und so kommen wir von der »Negerkunst« munter weiter zum Afrikaner an sich, seinem rätselhaften mythischen Hintergrund bis zur gern zitierten »afrikanischen Tradition«, was immer das ist, im Besonderen. Da ist es doch nur konsequent, daß man den kreativen Wilden, wenn schon nicht im Völkerkundemuseum oder im Kolpingheim, im Missionsmuseum von Altötting oder im katholischen Pfarrsaal, dann wenigstens im Giraffenhaus des Frankfurter Zoos seine Kunststückchen machen läßt (Abduh Michel Guiré), wo er mit seinen exotischen Malmitteln wie Affenbrotbaum-Pulver und Wüstensand eh besser hinpaßt. Jetzt sagen Sie bloß nicht, Julian Schnabel paßt mit seinen zerschlagenen Tellern perfekt in eine Großküche. Der hat das Rohmaterial ja, wie alle anderen weißen, männlichen Kunst-Genies, in eine verfremdete Form gebracht und paßt damit wieder in eine schicke Galerie der Sammler- und Jäger-Meile einer internationalen Kunstmetropole. Denn dort ekelt man sich zwar nicht vor Fett und Filz, aber ein internationaler Name muß das Zeug schon salonfähig machen. Kiefer, Beuys, Voth, Baselitz, Lüpertz, ja gern, auch mit toten Heuschr cken, Blech und Dreck. Aber wer bitte ist Chukwukela?

Wer etwas werden will auf dem europäischen Kunstmarkt, der lege sich am besten einen eingängigen, einfachen und irgendwie originellen Namen zu. Sonst kann ihm passieren, was jüngst acht ungarischen Künstlern passierte, deren Werke in einer Sammelausstellung in der Künstlerwerkstatt der Stadt München so vorgestellt wurden: »Die Namen sag' ich Ihnen jetzt nicht. Ich kann sie nicht aussprechen, und Ihnen sagen sie eh nichts.«

So wären die Kulturbeamten bei KünstlerInnen aus Zaire oder Nigeria allein schon dadurch überfordert, daß sie nicht nur die Namen nicht aussprechen können, sondern außerdem meistens auch nicht wissen, wo das Land überhaupt liegt. Afrika ist ja bekanntlich groß. Und so beschränkt sich die Kunstkritik, wenn schon geschrieben werden *muß* (wie bei »Les Magiciens de la Terre« in Paris), auf ein paar lobende, ein paar abgrenzende Bemerkungen und den Hinweis, daß sich schon Picasso, Giacometti und andere von Negerkunst inspirieren ließen. Oft erfahren wir auch noch, daß die Dritte Welt (wie z. B. Afrika immer noch unbefangen genannt wird, denn die erste Welt sind schließlich wir!) expandiert, näher rückt, explodiert, aufbricht oder was auch immer.

Man muß allerdings keine Kulturkritiken lesen, um festzustellen, was auf dem europäischen Kunstmarkt das Maß aller Dinge ist. Ein Blick auf die Landkarte illustriert es: im Mittelpunkt der Welt breitet sich Europa aus, wie Auswüchse hängen Afrika, Südamerika und andere Kontinente daran, ganz zu schweigen vom Pazifik, der als »Südsee« die Größe einer Badewanne zu haben scheint. Da ist es doch klar, daß das Zentrum der Macht filtert, was es einläßt: die Frauen gehören zum Kunsthandwerk, die »Dritte Welt« gehört ins Völkerkundemuseum. Ausnahmen bestätigen selbstverständlich auch hier die Regel (*Whitechapel* und *Hayward Gallery* London, *Annina Nosei* New York, *Galerie Fabien Boulakia* Paris).

Die Zeitschrift ART hat in den letzten zehn Jahren drei große Artikel über afrikanische Kunst veröffentlicht: einen über die nigerianischen

»Benin-Bronzen«, die zur großen Kunst erhoben wurden, seit sie von den Engländern per »Strafexpedition« abtransportiert und für Europa goutierbar gemacht wurden. Ein anderer Artikel behandelt die afrikanische Kunst im allgemeinen, was aber anscheinend so riskant ist, daß es mit Herrn Schmalenbachs Sammellust und seiner wissenschaftlichen Befähigung dazu abgesichert werden muß. Unter dem Titel: (kleingedruckt) »Afrikanische Kunst«, (großgedruckt) »Schmalenbachs stille Leidenschaft« (augenzwinkernde Frivolität, etwa wie Gauguins stille Leidenschaft zu einem 13jährigen tahitischen Kind), wird bescheinigt, daß es seinem Institut weder an »fachlicher Kompetenz für Schnitzereien vom schwarzen Kontinent, noch an kunsthistorischer Rechtfertigung« fehle. Jetzt der Hinweis auf Schmalenbachs Studium der Kunstgeschichte, Archäologie und Völkerkunde. Wenn ein Mann berechtigt ist, eine solche Leidenschaft zu haben, dann dieser! Damit wird uns von ART die Absolution erteilt: Gehe hin und tue desgleichen. Herr Dr. Schmalenbach hat's vorgemacht. Dem peinlichen Wort »Negerplastik« werden noch nicht einmal Gänsefüßchen verpaßt. Was hätte man sich unter »Weißenplastik« wohl vorzustellen?

Der einzige Künstler, der namentlich vorgestellt wird (und bei den anderen Kunstzeitschriften sieht es nicht viel anders aus), ist Cherie Samba, der gerade im Medienaufwind liegt und viel Geld verdient. Sein Katalog allerdings erscheint nicht in einem Kunstverlag, sondern beim Münchener Ethno-Kleinverlag Trickster, der sich mit der Beschreibung fremder Kulturen große Verdienste, wenn auch keine Gewinne, erworben hat.

Als Europa im Kitsch des Barock versank, brachten die Senufo im heutigen Burkina Faso bereits Figuren von abstrakter Schönheit und Klarheit hervor, die heute auf dem Markt nicht mehr zu bezahlen sind. Gewürdigt werden allerdings nicht die Künstler, die sie hervorgebracht haben, immer noch hervorbringen, sondern die Sammler, die sie »entdeckt« haben. Folgerichtig verdienen auch nur sie und nicht die Urheber, deren Werke durch nichts geschützt werden. Jeder europäische Künstler kann sich hemmungslos bedienen, wie Karla Bilang in ihrem Buch »Das Gegenbild« ausführlich nachweist.

Die »Fähigkeit zur Abstraktion« hatten viele afrikanische KünstlerInnen schon, als es in unserer Sprache noch kein Wort dafür gab. Die typischen Gesichter der Yoruba-Künstler, die großen hervortretenden Augen, die unproportional großen Köpfe zu schmalen, kleinen Körpern wurden von den Expressionisten besonders gern kopiert. Es ist wahrscheinlich nicht einmal übertrieben zu sagen, daß die Kunst aus Nigeria, aus Mali, Zaire, Kongo, Gabun die entscheidenden Anstöße für die moderne europäische Kunst gab. Aber wirklich wertvoll und damit teuer wurde erst die Kopie. Wie in der Musik, wo die Kastratenstimmen gezüchtet wurden, um Frauen auszuschließen, wird heute in der bildenden Kunst das kopierte Produkt des weißen, männlichen Künstlers dem ursprünglichen »Ethno«-Material vorgezogen. Dieses Phänomen läßt sich auch auf dem Musikmarkt beobachten. Noch vor zehn Jahren kannte kein Mensch den »indestructable sound of Sowetho«, erst der Popmusiker Paul Simon machte die schwarze Musik Südafrikas plattenfähig. Der nigerianische Musiker Felacuti, ursprünglich ein Mami-Wata-Priester, kam über Peter Gabriel geradewegs vom Meer-Tempel in die World-Musik-Szene. Aber während die Musiker ihre afrikanischen KollegInnen an ihrem Geschäft teilhaben lassen, bedienen sich die bildenden Künstler, ohne ihre Anregungen und Vorbilder preiszugeben oder Ursprungsrechte zu bezahlen. Europas Künstler fürchten die Konkurrenz. Denn während die weiße Zivilisations-Kunst zu erstarren droht, scheint das Potential an Ideen, Formen und Materialien aus afrikanischen Ländern unerschöpflich. Aber solange die Definition, was Kunst überhaupt ist, in den Händen von Kulturkritikern liegt, die alle voneinander abschreiben und am liebsten das in der Luft zerreißen, was sie in ihrer spießig-trendigen Seele am meisten trifft, solange hierzulande noch die Frage aufgeworfen wird, ob es so etwas wie moderne afrikanische Kunst überhaupt gibt, sieht es eher düster aus. Veröffentlichungen über die Kunst von Kasali, dem Schmied aus Nigeria, dessen Plastiken an Giacometti erinnern oder umgekehrt, suchen wir bei uns vergeblich. Wir lesen ja schon nichts von Ouattara, dem ivorischen Maler, und der hat mittlerweile mehrere Ausstellungen in Paris und New York hinter sich. Art Random hat ihm ein Buch gewidmet, und er gilt als der neue schwarze Shooting Star der Szene, seit Basquiat seinem Leben mit einer Überdosis Glückshormon ein Ende setzte.

Nichts zu hören und zu sehen auch von Moke, ebenfalls Zaire, von

Gora Mbengue aus dem Senegal oder Jimoh Buraimoh aus Nigeria, sie alle sind in ihren Ländern bereits sehr bekannt und hatten Ausstellungen in Paris und London. Aber die europäische Kulturszene hat es offenbar nicht nötig, die neuen Impulse wahrzunehmen. Wer kennt die nigerianische Bildhauerin und Malerin Soukari Douglas Camp? Sie wurde von Susan Vogel in die Ausstellung Afrikanischer Kunst des 20. Jahrhunderts ins Center for African Art nach New York geholt.

Wie sollen wir afrikanische Kunst wahrnehmen, sehen, aufnehmen lernen, wenn nichts von ihr zu hören und zu sehen ist? Wo ist die Galerie, die Akpan oder Mike Chukwukela ausstellt, anstatt zum hundertsten Mal Merz oder Lüpertz? Wo werden wir über die neuen Strömungen nigerianischer, zairischer, senegalesischer Kunst informiert? Aus diesen Ländern kommen die Künstler, die den Kunstmarkt von morgen radikal verändern werden.

Hätte nicht der Prestel-Verlag den Katalog »Africa Explores« herausgebracht, der die Ausstellung Afrikanische Kunst des 20. Jahrhunderts im Center for African Art begleitet, gerade noch rechtzeitig für dieses Symposium übrigens, es hätte nicht eine einzige qualifizierte, umfassende Veröffentlichung über afrikanische Kunst gegeben – und auch dieser Katalog ist auf englisch erschienen.

Das Fremde wahrnehmen, das heißt umdenken. Nicht mit der Stimme des Investitionsberaters im Kopf müssen wir schauen und horchen. Ich glaube, wir müssen uns auf eine Abenteuerreise begeben, in die Welt der bestürzenden, un-genießbaren Kunst der frechen, witzigen Attacken, des Unvorhersehbaren und auch des Vertrauten. Ich möchte zum Schluß Mark Rothko und Adolph Gottlieb zitieren, weil mir dieses Zitat die einzig sinvolle Herangehensweise an nigerianische Kunst, an afrikanische Kunst, an Kunst überhaupt scheint: »To us art is an adventure into an unknown world, which can be explored only by those, willing to take the risks. The world of imagination is fancy-free and violently opposed to common sense. It is our function as artists to make the spectator see the world our way – not his way.« (New York 1943)

PORTRAITS

SUSANNE WENGER

Nigeria ist kein Reiseland«, steht im Reiseführer über das afrikanische Land, in dem größte Bevölkerungsdichte und Armut mit einem unglaublichen Ölreichtum einhergehen. Hunderte von ethnischen Gruppen leben miteinander und oft auch gegeneinander. Alte animistische Traditionen und unzählige christliche Sekten kämpfen neben der ständig wachsenden islamischen Bewegung ums Überleben. Mitten im Yoruba-Land, in der kleinen Stadt Oshogbo, lebt die Malerin und Bildhauerin Susanne Wenger. Vor vierzig Jahren kam sie mit ihrem Mann Ulli Beier nach Nigeria. Er ging wieder zurück nach Europa. Sie blieb, folgte dem Traum des Yoruba-Priesters Ajagemo und begann, die verfallenen heiligen Schreine zu restaurieren, wurde in den Kult der Orisas, der Yoruba-Götter, eingeweiht und zur Priesterin initiiert.

Was viele ihrer Freunde für eine Laune hielten, wurde ihr Leben. Sie heiratete einen Yoruba-Trommler, wurde Mitglied mehrerer Geheimgesellschaften und stellte ihre Kunst in den Dienst der Yoruba-Religion. Um die Arbeit am ersten Schrein zu finanzieren, verkaufte sie ihr himmelblaues Fahrrad. Später baute sie neue Schreine, errichtete zusammen mit Yoruba-Künstlern Skulpturen im heiligen Hain von Oshogbo, in einem Stück Urwald, der, ebenso wie der Fluß Oshun, der Göttin Oshun geweiht ist. Bei all ihren Arbeiten folgte sie den Anweisungen des Orakels, fühlte sich mit den Göttern verbunden. »Kunst ist Ritual, oder es ist keine Kunst«, sagt sie.

Sie erlernte die Batiktechnik der Yoruba mit Indigofarbe und gestaltete viele ihrer Kunstwerke in dieser Technik. Später adoptierte sie mehrere Kinder, darunter Shangodare, der heute ein international bekannter Batikkünstler ist und in ihrem Haus in Oshogbo arbeitet.

Diese Frau wollte ich kennenlernen. Meine Reisevorbereitungen werden von pessimistischen Äußerungen verdüstert, die sich Freunde und Bekannte nicht verkneifen können: Susanne Wenger empfange überhaupt keine Europäer mehr und spreche nur noch Yoruba. Nigeria sei ein Hexenkessel, der an allen Ecken und Enden explodiere. Ich fahre mit gemischten Gefühlen.

»Europäer kokettieren gern mit Eshu«, schreibt Susanne Wenger über den heiligen Narren der Yoruba. »Sie verwechseln den apokalyptischen Kasperl, der eine mystische Großmacht ist, mit der zipfelhäubigen Diwanpuppe, die man auch als Kissen verwenden kann. Vorgefaßte Pläne fallen aber mit Eshu um, und auch die Sympathie für ihn fällt irgendwann um.« Wie wahr. Eshu scheint mein Reisebegleiter zu sein, und meine Pläne werfe ich schon bald über Bord und beschließe, mich in diesem Chaos von Lebenslust und Gewalt einfach den Orishas, den Göttern auszuliefern.

Wie bei der klassischen Fahrt des Helden in die Unterwelt geht schief, was schiefgehen kann. Ich komme völlig erschöpft bei Dunkelheit in Oshogbo an. Überall brennen kleine Feuerchen vor den Häusern und Hütten. Niemand kennt Susanne Wenger. »Quenga?« Kopfschütteln. Weit und breit in diesem Gewirr aus Sandwegen und verlotterten Kolonialhäusern sieht nichts wie ein Hotel oder wie das Haus von Susanne Wenger aus. Endlich antwortet eine Frau auf meine hartnäckigen Fragen, ob es denn möglich sei, daß Susanne Wenger weltbekannt sei, daß aber hier niemand sie kenne, sie sei doch Olorisha, also Priesterin: »Ach, Adunni Olorisha, zu der willst du?« Ihr kleiner Junge führt mich hin.

Als wir an ihrer Haustür ankommen – laute Reggaemusik aus verschiedenen Lautsprechern in der Nachbarschaft, Ziegen, Hunde, Kinder, Händlerinnen, alles in lockerer Gemeinschaft auf der Straße – sagt Doyi, die Adoptivtochter, Mama hätte heute abend keinen Nerv mehr, mich zu sehen, sie hatte Besuch von Ulli Beier, ihrem Exmann, und wolle sich ausruhen.

Ich werde bei einem Künstler aus der Gruppe um Susanne Wenger untergebracht. Jimoh Buraimoh macht Mosaik- und Perlenbilder. Er hat ein kleines Gasthaus, und als ich mich erschöpft aufs Bett fallen lasse und meine Wunden lecke, macht er mich darauf aufmerksam, daß heute

Silvester sei und ich unbedingt mitfeiern müsse. Ich erlebe etwas, was Susanne Wenger mir später so beschreiben wird: »Die jungen Künstler sind ungeheuer begabt. Nigeria ist ja voll von Naturtalenten. Aber alles, was früher in den Kult ging, drängt heute ins Theater und zum Fernsehen. Alle Tänze, die heilige Musik, das Trommeln, alles wird in die Öffentlichkeit geschleppt. Ich will nicht behaupten, früher war alles besser. Man muß als alter Mensch ja auch aufpassen, daß man nicht immer die Vergangenheit verklärt, aber früher war's halt wirklich oft besser. Überall wird heute getrommelt, überall werden Lautsprecher aufgestellt, alle fünf Meter eine andere Musik und laut. Man kann sich ja gar nicht dagegen wehren, alles ist so laut und so schnell geworden. »Andererseits«, sie lächelt, »*Wiener Blut* so laut den ganzen Tag, das wär' ja noch schlimmer!«

An diesem Abend wird getanzt und Musik gemacht, wie die jungen Nigerianer es lieben. Mit der Videokamera wird alles aufgezeichnet. Eine Familien-Band, die früher heilige Zeremonien durchgeführt hat, singt »We are the world« und »I'm bad«. Auffallend ist an dieser Musik nur, daß die zwei kleinen Jungen, beide unter zehn Jahren, unglaublich präzise trommeln können und daß das halbwüchsige Mädchen, das nur leidlich die internationalen Schlager singen kann, atemberaubend tanzt und zitternde Beckenbewegungen ausführt, die eigentlich zu Ritualtänzen gehören.

Durch die Arbeit von Ulli Beier, seiner Frau Georgina und Susanne Wenger ist Oshogba in der internationalen Kunstszene bekannt geworden. In den sechziger Jahren hielten Georgina Beier und Susanne Wenger Workshops für junge Künstler ab, unter ihnen Twins Seven Seven, Jimoh Buraimoh, der Schnitzer Kasali, Oyewale, der Zementplastiken macht, und natürlich Shangodare, Shangopriester und Batikkünstler. Adebisi Akanji war jahrelang ein Hauptmitarbeiter an den heiligen Schreinen und Plastiken.

Für Susanne Wenger ist die Arbeit all dieser Künstler im Zusammenhang mit der Yoruba-Tradition wichtig. Religiöse Bilder und Inhalte in verkäufliche Kunst umzusetzen, sieht sie eher problematisch. »Früher hat man halt regelmäßig Zeremonien durchgeführt, um die Götter zu versöhnen, die man durch Tabuverletzung unweigerlich verärgert. Heute ist das nicht mehr so. Die Jugend interessiert sich kaum noch für den Kult, alle wollen an die Öffentlichkeit, alle wollen einen Paß und reisen«, sagt sie dazu. Susanne Wenger sucht nach der Verbindung zwischen Kunst und Kult, sie taucht in die Tradition der Yoruba-Kulte ein. Aber die Konflikte zwischen Muslimen und Yoruba werden immer stärker. Fünfmal am Tag plärren die Lautsprecher aus den Moscheen nicht nur Gebete, sondern auch wüste Beschimpfungen gegen die Yoruba-Götter.

Am ersten Tag des neuen Jahres habe ich nach langer Zeit einmal wieder einen Hang-over: vom nigerianischen Star-Bier, von zuviel Tanzen, zuviel Lachen, zuwenig Schlaf. Ich soll mich gegen elf bei Adunni einfinden. Frühstück gibt es sowieso nicht, also mache ich mich auf den Weg durch die staubigen Straßen. Oshogbo ist irgendwie malerisch um eine Funkantenne herumgruppiert, die sehr deutlich den Konflikt zwischen der alten und der neuen Yoruba-Tradition illustriert. Ich habe keine Ahnung, wo ich bin und wohin ich gehen muß. Der Zufall will es, daß ich einen Zwerg nach Adunni Olorisa frage. Er rennt vor mir her, bergauf, bergab, führt mich durch dunkle Gassen und durch autoschrottdekorierte Höfe. Ich fühle mich wie der kleine Jakob im Märchen »Zwerg Nase«. Unglaublicherweise landen wir tatsächlich an der Hintertür der geheimnisvollen Hexe, in deren Haus die Ratten auf Nußschälchen herumfahren und die Küche besorgen. So scheint es jedenfalls. Das Haus ist von unten bis oben mit seltsamen Vögeln, Steinwesen, Geistern, wilden Gesichtern, Tieren und Trommeln angefüllt. Heute bin ich willkommen, ich darf nicht nur eintreten und den Laden anschauen, den Susanne Wenger im Erdgeschoß für die Kunst ihrer Schützlinge unterhält, ich darf sogar hinauf in die heiligen Räume, auf die ich so neugierig bin. Ich habe eine schwierige, zurückhaltende, abwehrende Frau erwartet, und nun sitzt eine aus den Augen blitzende Koboldin, jung und alt zugleich, vor mir. Sie hat sich auf einer Art Holzschüssel mit Deckel niedergelassen, der von einer geschnitzten Schlange bewacht wird. Erst nach Stunden merke ich, wie unbequem der Blechsitz ist, auf dem ich sitze, das Kunstwerk eines Schmieds, der aus Autoschrott und Alteisen die atemberaubendsten Skulpturen schafft. Ich vergleiche sie mit Giacometti-Figuren. Da lacht Susanne Wenger: »Naja, Giacometti! Aber mit seinen Sachen könnte man doch nie leben. Die würde ich nicht ständig um mich herum aushalten.« Die Suklpturen des Schmieds Kasali aber, dem jüngsten Künstler aus ihrer Umgebung, leben zwischen ihrer Schreibmaschine und dem geschnitzten Eßtisch, sie teilen sich den Lebensraum mit den Hunden und der mageren Katze, den zwei Ziegen und dem Perlhuhn, das auf dem Balkon wohnt. Früher hatte Susanne Wenger auch einen Affen, der sie einmal in Panik in den Arm gebissen hat. »Ich mag keine Zoos«, sagt sie. »Und die Tiere hab' ich auch nicht zu meinem Privatvergnügen, ich rette sie, kaufe sie irgendwo auf dem Markt, päpple sie auf und lasse sie wieder frei. Tiere soll man nicht einsperren, genauso wenig wie Kunst. Museen sind etwas Schreckliches, wie Gefängnisse für lebendige Kunstwerke.«

Sie erzählt, daß sie gerade an einem Bild arbeite, das »Nur Vögel werden die Welt retten« heißt. Auf meine Frage, wie sie das meine, sagt sie: »Na, Vögel können doch lange ruhig sitzen, aber wenn sie irgendwohin wollen, sind sie sehr, sehr schnell.«

Sie regt sich auf, daß für eine Ausstellung in Wien ihre Bilder gerahmt werden mußten: »Ich paß' doch nicht in einen Rahmen.« Auf jeden Fall sprengt sie den Rahmen, in dem man sich das Bild einer bald achtzigjährigen Frau vorzustellen hat.

Ihre Augen und Augenbrauen sind kühn mit Kajal umrandet, sie trägt phantasievolle Gewänder, die zum Teil mit bunten Stoffetzen besetzt sind. Mitten in der Hitze klagt sie über die Kälte, die vom Boden heraufzieht und gegen die sie sich mit Wollstrumpfhosen, die an der Sohle verstärkt sind, wappnet. Um den Hals baumeln Glanggerl, Ketten mit kleinen Objekten, die bei jeder Bewegung klingen. Eine Freundin aus Wien macht sie für sie. Im ganzen Haus kann ich kaum persönliche Gegenstände entdecken, die die Wohnungen europäischer Menschen, sei es zu Hause, sei es im Ausland, sonst schmücken. Irgendwo hinter Masken, Figuren und Schrottplastiken steht ein Bett, aus der Ecke kommt auch das Geschirr, aus dem wir Tee trinken, die Dose Kekse – »Brot gibt's leider grad keins«, lächelt sie bedauernd – und die Flasche Wein, die sie später zur Feier dieser aufregenden Begegnung öffnet. Das Essen kommt von der Straße. Doyi holt einen Klumpen *fufu,* das ist eine Art Teig aus Maniok, der mit scharfen Saucen gegessen wird. Was wir nicht essen, bekommen die Hunde. Und als die Hunde alles aufgeschlappt haben, meint sie: »Jetzt muß ich den Mädchen noch sagen, daß das Geschirr erst von den Hunden vorgewaschen ist…« Sie spricht mit Doyi in Yoruba, dazwischen flicht sie immer wieder »Schatzele« ein. Ich beobachte sie, wie sie zärtlich und gelassen zwischen all den Kindern, den Tieren und den jungen Frauen sitzt, Wind weht durch die offenen Fenster und Türen, an der Schwelle sitzt eine steinerne Eule wie eine Wächterin. »Ja, es ist furchtbar dreckig bei mir«, mißversteht sie meinen Blick, »aber ich muß mich halt entscheiden. Wenn ich dauernd putze und aufräume, kann ich die wichtigen Sachen nicht machen. Wenn ich es nicht mache, müßte ich immer ein Gespräch, ein Spiel der Kinder unterbrechen, und das ist es doch nicht wert!« Sie lacht mich an. »Was willst du denn wissen?«

Ja, was wollte ich wissen? Ich sitze in dieser Welt aus Göttern und Geistern einer Frau gegenüber, die wie ein Fabelwesen ständig ihre äußere Erscheinung wechselt. Durch das Fenster fließt goldenes Licht, die Sonne legt sich in den Staub und überzieht die Schrottvögel mit überirdischem Glanz. Das dürre Kätzchen sucht sich einen warmen Fleck und rollt sich ein.

Ich glaube, eine gewisse Erschöpfung auf Susanne Wengers Gesicht zu sehen und beschließe, am nächsten Tag wieder zu kommen.

In der Zeitung lese ich, daß in Benin City, etwa zweihundert Kilometer von Oshogbo entfernt, vier Männer in einem Auto verbrannten und daß ihnen vom verkohlten Körper Teile abgeschnitten wurden. Oyinade, die junge Frau aus Ife, die mir Tee macht, sagt, daß das in Nigeria oft genug vorkomme. Man mache aus Knochen und Innereien Fetische. Wie stark ist denn die Yoruba-Tradition überhaupt noch, mit ihren Göttern und Tabus und Zeremonien, will ich von Susanne Wenger wissen, die ja wegen dieser Tradition vor vierzig Jahren beschloß, hier zu bleiben, um den Göttern zu dienen.

»Es ist nicht wie früher«, sagt sie. »Die besten Leute sind weggestorben.« Auch ihr Mann ist tot. »Früher wurden alle Rituale genau eingehalten, oft wurde drei Tage lang getanzt und getrommelt. Heute macht man alles ungenau, über den Daumen gepeilt«, bemerkt sie, klagt aber nicht. Das sei halt der Lauf der Welt, man könne nichts festhalten. Man muß die Dinge loslassen können. Wie sie so dasitzt, ohne jeglichen

Luxus, nur mit dem Nötigsten zum Leben, das sie auch noch mit all ihren Adoptivkindern und -enkelkindern teilt, mager vom öfteren Hungern – denn nicht immer gibt es genug zu essen, weil einfach für all die vielen Menschen nicht genug Geld da ist –, wie sie ihre Sätze in ihrem Heimatdialekt vermischt mit kleinen Zwischenrufen in Yoruba, so gelassen und so heiter, erscheint sie mir eher wie eine Buddhistin denn wie eine Yoruba-Priesterin. Aber wer weiß, vielleicht sind alle Religionen im Kern gleich.

Ob sie denn nicht gelegentlich Heimweh habe, frage ich sie. »Nach den Bergen schon«, sagt sie. »Aber in Europa bin ich nur noch Touristin, nach vier Wochen halt' ich es nicht mehr aus.

Dann zieht es sie zurück in ihr Haus, zu den Kindern, für die sie sich verantwortlich fühlt. Doyi läßt sie in Ife studieren und leidet mit ihr, wenn die Prüfungsangst sie überfällt und ihr Fieber macht. Und es zieht sie zurück in ihren Hain. Ohne Susanne Wenger gäbe es den heiligen Hain nicht mehr, einen Platz am Oshun-Fluß im Dschungel, ein Stück unberührte Natur – Urwald. Doch auch hier bricht die Zivilisation ein. Jäger durchstöbern das Unterholz nach Tieren, eine Mahagonipflanzung wurde direkt neben dem Hain angelegt. »Ich bin ja dankbar, daß es keine Siedlung ist«, sagt Susanne Wenger. Wenigstens Bäume, keine Mopeds, keine Feuer, kein Müll. Eine letzte Frist für den Kultplatz?

»Es ist mir gelungen, die heiligen Plätze unter Denkmalschutz stellen zu lassen«, sagt sie. Mit all ihrer Kraft kämpft Susanne Wenger um diese heiligen Plätze, die schon in vorgeschichtlicher Zeit als Kultorte genutzt wurden. Affen, die heiligen Tiere der Göttin Oshun, springen zwischen den Bäumen hin und her und schreien aufgeregt. Jeden Mittwoch zieht Susanne Wenger sich in den Hain zurück, um an ihrer Skulptur zu arbeiten, bei der sie Zement, Kaurimuscheln, Zähne und andere Materialien zu mythischen Wesen verarbeitet. Das Ogboni-Haus, der Hauptschrein, der der Erdgöttin Ogboni geweiht ist, wurde von Susanne Wenger und ihren Assistenten vor rund dreißig Jahren auf den Grundmauern einer ehemaligen Schule errichtet. Bei einem Überfall wurden damals alle Kinder aus der Schule geraubt. Die Schule verfiel. Die Innenwände wurden, wie es Tradition ist, von Priesterinnen mit roten, weißen und schwarzen kultischen Mustern bemalt. Vor dem Tempel als Stütze und Hüter zugleich stehen vom Holzbildhauer Buraimoh Gbadamoshi geschnitzte Pfähle, die bis zum Dach reichen.

Durch dichtes Gebüsch führt ein schmaler Weg zu einem prähistorischen Marktplatz, der heute als Versammlungs- und Opferplatz dient. Geister- und Götterskulpturen gruppieren sich um den steinernen Platz. Geht man den Buschpfad weiter, gelangt man zum kleinen Oshun-Tempel, direkt am Fluß, von dessen Wasser es heißt, daß jeder Tropfen heilig sei und große Heilkräfte enthalte.

Später sitzen wir auf den Steinen im Fluß und horchen auf das Murmeln des Wassers. Quarzplättchen schimmern am Grund des Flusses wie Gold. »Meine Freundin Martha aus Wien tut auch gern Bacherlsitzen«, grinst Susanne Wenger. »Aber hier ist es der Martha dann doch unheimlich geworden.« Ein Vogel fliegt auf. »Er ist Obatala heilig«, sagt sie. »Ein ganz gutes Omen, man sieht ihn selten.«

Jedes Jahr im August strömen Tausende von Menschen in diesen Hain, zu diesem Fluß, um etwas von dem heiligen Wasser zu trinken und mitzunehmen, um der Oshun ihren Kummer vorzutragen und sich heilen zu lassen. An diesem großen Oshun-Fest nimmt Susanne Wenger nicht mehr teil. Sie liebt die stille Zeit, wenn sie allein ist mit Oshun und sich inspirieren läßt für ihre Skulptur. Ihre Gelassenheit scheint aus dem völligen Einklang mit der Natur um sie herum zu kommen. Eins mit den Geistern dieser mythischen Plätze, sitzt sie in der prallen Sonne, beobachtet die Zeichen der Tiere und des Flusses.

Noch in diesem Jahr wird Susanne Wenger nach Europa kommen, um eine Ausstellung ihrer Bilder in Bayreuth zu eröffnen. »Ich sehe es nicht«, sagt sie verträumt, »daß ich für immer zurück nach Europa gehe. Ich werde wohl den Rest meines Lebens hier verbringen.«

Zwei Jäger mit uralten, langen Gewehren durchqueren den Fluß und steigen tropfnaß auf unserer Seite wieder heraus.

Wir entdecken unsere gemeinsame Leidenschaft für das allererste Buch von Castaneda, »Die lehren des Don Juan«, für Leonora Carrington und für Agatha Christie. Tatsächlich ist sie die erste Person, die gleich mir der Meinung ist, daß Agatha Christie eigentlich eine Mystikerin ist und manche ihrer Krimis wahre Einweihungsbücher sind. »Vor allem der letzte Poirot-Fall«, sagt Susanne Wenger begeistert, »da, wo er selbst zum Mörder wird, da sind doch alle Geheimnisse einer Initiation drin.« Ich bin entzückt, eine Verbündete für lappische Zaubertrommeln, sibirische Schamanen und Eskimomythen gefunden zu haben. Der Tag vergeht zu schnell, und sie muß noch an ihrer Skulptur arbeiten.

»Tititititiuuuu«, ruft sie zum Abschied das magere Hündchen, und es klingt wie der Ruf eines exotischen Vogels. Vor dem kleinen Tempel der Oshun verabschieden wir uns. Sie geht weiter in den Dschungel hinein, wo sie an ihrer Skulptur vier, fünf Meter das wacklige Gerüst hinaufsteigen, Kaurimuscheln, Erde und Wasser vermischen und einen Geist herausrufen wird. Im Schatten des Bambus wird sie ihre Brote aus dem Rucksack holen und mit ihrer Hündin Titi teilen. Am Abend, nach einer langen Meditation in der untergehenden Sonne auf den Steinen des heiligen Flusses, wird sie sich auf den Heimweg machen, vorbei an den Holzfeuerchen, die sie so liebt, weil es »vom Holzfeuer gekocht einfach besser schmeckt«. Vorbei an den dröhnenden Lautsprechern, mit Reggae und Jujumusik, vorbei an den Moscheen, die ihr Beleidigungen entgegenschleudern werden, die sie gelassen an sich abperlen lassen wird, vorbei am Oshun-Schrein auf dem Kings-Market, dem ältesten Haus von Oshogbo, das sie selbst wundervoll restauriert hat. Sie wird die enge Treppe ihres Hauses hinaufsteigen, und mit der Dunkelheit werden sich die Götter bei ihr niederlassen. Vielleicht wird sie mit ihren verstorbenen Freunden Zwiesprache halten, nach denen sie sich immer wieder sehnt. Denn ihr Problem ist nicht der Sprung zwischen der europäischen und der afrikanischen Kultur, dazu ist sie schon zu lange in diesem Land und zu tief eingetaucht in seine Kulte. Ihr Problem ist der Kulturschock zwischen der alten und der neuen Zeit. »Es tut mir weh«, sagt sie, »wenn an den Fingernägeln verdient wird, die man den Göttern schneidet.«

HERBERT ACHTERNBUSCH

Der Gefangene von Zimmer 18

In dem Haus, in dem wir alle leben, haben die Zimmer Nummern. Früher war es eine Pension, aber von früher gibt es nur noch die Zimmernummern, Annamirl und Sepp. »Schau, des is die Wirtschaft vom Achternbusch«, ruft es von der Seestraße herauf.

Oben, auf Zimmer 18, trinken wir Tee. Tibetischer Mönchsgesang vibriert bis auf den Flur hinaus. Zeitungen liegen herum. Am Boden liegt auf dem Bauch mit angezogenen Beinen eine Skulptur von Rut, der zweitältesten Tochter von Herbert Achternbusch. Die »Weichteile«, die Zwillinge von Esther und Sepp turnen auf Annamirls Schoß herum, läuten die tibetanische Glocke und lassen sich vom Herbert (mit einem leeren Glas) zeigen, wie man schnupft.

Es ist einer von den schwerelosen Tagen, an denen die Sonne scheint, nicht allzuviele Touristen mit ihren Autos die Straße verstopfen; und wenn Leute im See baden, dann eigentlich nur, um von Herbert gemalt zu werden.

Wenn der See bleigrau und mächtig wie ein Magnet vor der Haustür lauert, ist es schwer auszuhalten. Dann steigt die Ohnmacht vor den Straußens und Zimmermanns und Reagans dieser Welt auf. Und doch ist die Ohnmacht eigentlich keine. Wer wird in 20 Jahren noch von einem gewissen Zimmermann sprechen, außer ein paar verstaubte Gerichtsakten. Vielleicht aber wird man in zwanzig Jahren angefangen haben, die radikale (und radikal heißt tief bis in die Wurzeln) Welt des Herbert Achternbusch in seinen vielfältigen Farben, Formen und Worten zu verstehen.

»Jetzt gehts naus und laßts mich arbeiten, damit ich Schulden zusammenbring«, sagt Herbert zu den Kindern. Tatsächlich kann das keiner so wie er. Denn kaum kriegt er irgendwo eine Förderung oder Geld für eine Inszenierung, zwicken sie es ihm hinten wieder weg. Wer aber glaubt, nur unter so einem Druck könne er überhaupt arbeiten, irrt. Herbert Achternbuschs Bilder konnten eigentlich erst in einer Zeit entstehen, wo die existentielle Not nachließ.

Ich hatte eine Vision. In dieser Vision war Herbert Maler. Ich schrieb diesen Satz »Eigentlich ist er Maler« als Überschrift über einen Beitrag im Materialienbuch über Herbert Achternbusch. Zu der Zeit lasen wir beide Bücher von Alexandra David-Neel über Tibet. Mir träumte, daß ein riesiges Bild von Herbert im Modern Art Museum von New York hing, eins mit einer Landschaft, Feuer, vielleicht ein Vulkan und ein Mensch davor. Ich erzählte Herbert diesen Traum. Damals hat er nicht gemalt. Nicht mehr. Früher, in der Zeit auf der Kunstakademie in Nürnberg, hat er viel gemalt und Plastiken gemacht. Niemand wollte sie. »Dem Ding wollte ich eine schenken, der hat sie nicht einmal abgeholt«, sagt er. »Dann hab ich alles zerstört.« Wenige, wunderbare Bilder, vielleicht zwanzig, sind aus dieser Zeit erhalten.

Weil Herbert ein Tibeter ist, konnte er mit meinen Visionen und meinem Traum etwas anfangen. Ich sagte: »Herbert, wenn deine Bilder sowieso eines Tages im Modern Art Museum von New York hängen, warum fängst du nicht endlich an zu malen?«

»Ich bin ein Sonntagsmaler«, sagte Herbert. »Ein Sonntagsmaler malt nur am Sonntag.« Und auf was? Auf die Wochenendbeilage der *Süddeutschen* natürlich. Wenn er malt, gibt es meistens keinen Tee. Sonst schon. Sonst ist das Teetrinken ein wichtiges Ritual, um die Welt vor den West- und Nordfenstern vorbeiziehen zu lassen (notfalls auch im Fernseher) und aus ihr Hackfleisch zu machen, wenn nötig, um sie dann in die Höhe der Leichtigkeit und des Lachens – notfalls schadenfroh – zu heben. Was sich tut, wird in Bilder umgesetzt. Aber nicht am Montag. Am Montag gibt's Tee, denn »am Montag ist der Sonntagsmaler faul«.

Geld ist immer ein Thema – die Geldnot vor allem. »Mal dir halt einen Hunderter!« schlage ich vor. Der Hunderter wird gemalt. Viele andere Bilder wandern in den Ofen. »Der Ofen ist mein bester Galerist«, sagt Herbert dann, »der nimmt alles.«

Einen tibetischen Gebetsstock, den er zu Weihnachten geschenkt gekriegt hat, heizt er auch ein. »Der war bestimmt nicht billig, aber wenn ich ihn in Rauch auflöse, bewirkt er mehr.«

Leider konnten Annamirl und ich es nicht verhindern, daß er auch noch die Kamera seiner Mutter einheizte. Eine ganz alte, mit einem sehr guten Objektiv. Plötzlich war er auf die Fotos sauer, die er fürs »Ambacher Exil« gemacht hatte, packte den Fotoapparat und schob ihn in den Ofen. Dann holte er die glühende Kamera mit der Zange raus und hielt die Optik unter das kalte Wasser. »Die Optik muß es zerreißen, die ist ja das Entscheidende.« In weitem Bogen flog die durch Feuer und Wasser gewanderte Kamera aus dem Fenster in den See, wo ich ein Foto von ihr machte. Irgendwie kam sie mir so unter Wasser viel würdiger vor.

In der Küche schaut uns ein Buddha beim Kochen zu. Heutzutage könnte dieser Buddha gar nicht an der Küchenwand entstehen. Wir haben zwar an die dreißig Hennen, aber die legen miteinander nur ein Ei pro Tag. Unsere besten Legehennen reißen immer die Touristenhunde. Damals jedenfalls hatten wir viele Eier. Wir wechseln uns immer mit dem Kochen ab, und an dem Tag kochte Herbert. Plötzlich flog ein Ei an die Wand, und zwar haarscharf an Annamirls Gesicht vorbei, die mit dieser ihr eigenen Mischung aus Souveränität und Irritation darauf reagierte. Herbert wartete kurz die Wirkung des Wurfs ab (das Ei lief indessen der Erde zu), holte dann den Aquarellkasten, Pinsel und Wasser und lockte Buddha aus dem Ei. Er malte auch Zimmer 18 aus (»Ich bin der Gefangene von Zimmer 18«), das Schlafzimmer in den Farben der Meere und den Flur mit Szenen aus unserem landwirtschaftlichen Kinder-Chaos.

Alles ist ihm Anregung und jedes Detail des alltäglichen Lebens kann, wenn er gut drauf ist, zum Kunstwerk umgearbeitet werden. Schaut er im Fernsehen Tennis (»Schließlich war meine Mutter Tennislehrerin« – und er ist vermutlich der einzige im Haus, der wirklich was von Tennis versteht), so malt er gleich drauf ein Bild von Steffi Graf, ähnlich und abgehoben unwirklich zugleich. Aus den Winterfenstern bei mir hinten am Balkon macht er Glasrahmen für seine Bilder. Das Glas ist hundert Jahre alt, mundgeblasen, unregelmäßig und sehr zart.

»Schau dieses schöne Glas«, er hält es ins Licht und die Wellen auf dem Glas zeigen sich. Wer sieht sowas? Wer macht sich diese Mühe?

Wenn das Glas beim Herauslösen aus den Rahmen springt, verleimt er es bunt, zu Adern oder Narben des alten Glases. Diese Arbeit entnervt, wir gehen ihm aus dem Weg und trinken Kaffee am Eßtisch, statt Tee bei Herbert auf Zimmer 18.

Zur Zeit baut mir der Herbert ein Bett, weil das erste Bett für ihn und Annamirl so gut gelungen ist. Es ist ein wundervolles Bett, mit Lotosblüten aus Käseschachteldeckeln, Blumen aus Teedosen geschnitten mit Bambus-Stengeln – sehr tibetisch. Ein gemütliches Bett. »In so einem Bett möcht ich sterben«, sage ich. Und ahne nicht, wie nah ich der Realität bin. »Du mußt öfters zum Käse-Essen kommen«, sagt nämlich Herbert, »weil ich Käseschachteln brauche.« Der Käse, mit dem ich mir das Bett erfressen soll, ist aber just der Vacherin d'Or, an dessen Listeria-Bakterien schon eine halbe Division Schweizer verendet ist. Die Frage ist jetzt, schafft der Herbert das Bett vor meinem Tod oder muß ich mich zum Sterben in den See legen? Dann hätten wenigtens Annamirl und Herbert schon ihr Sterbebett.

Außer Sterbe-Betten baut Herbert auch alles andere, was wir so im Alltag brauchen. Ein Gewürzregal mit einer leeren Gewürzdose »für das unbekannte Gewürz«, ein Besteckregal, diverse Schränke und Kasterl mit und ohne Glas, mit und ohne »Einstiegsdeckel für Besucher.«

Während der Wartezeiten bei den Dreharbeiten baut Herbert ein Hoch-Beet aus Ziegelsteinen, damit die Hühner nicht immer die Blumenwurzeln anpicken. Dann kommt Vuzi, der Bub, der in »Heilt Hitler« den SA-Jungen spielen soll. Herbert gibt ihm Anweisungen. Zum Schluß sagt er: »Und dann bohrst du in der Nase.«

Der Bub schüchtern: »In welcher?«

Er traut ihm alles zu.

Vielleicht hätte ich ohne Herbert Achternbusch nie zu malen angefangen. Ich hätte ja nicht malen müssen. Aber die Wunde »Gymnasium« in meinem Leben hat auch einen Zeichenlehrer aushalten müssen, der mich gehaßt hat und mir gesagt hat: »Dir würde ich am liebsten nur Sechser geben.«

Ich schau oft Herbert zu, wie er malt, die Bilder abduscht, bis das Papier ganz dünn wird und mir dann zeigt, welche Striche, welche Farben sich durchsetzen, welche verblassen, verschwimmen.

»Gelb in der Bildmitte sprengt das Bild«, sagt er. Oder »Schau das Veroneser Grün auf dem Kreuzberg an.«

Ich habe angefangen, Farben in ihrer Eigenart wahrzunehmen, selber damit zu spielen. »Ja, du bist halt meine einzige Schülerin«, seufzt Herbert. Nicht daß er Schüler will. »Von mir kannst du doch nix lernen«, sagt er dann wieder. Behutsam kommentiert er meine Bilder, und wenn ihm eins gefällt, bin ich immer noch aufgeregt.

Im Fasching kommt eine Sendung Tee aus Bremen. Wir packen aus, es ist wie Weihnachten, Annamirl kriegt die Teeschachtel auf den Kopf und sieht aus wie Ophelia. Plötzlich steckt sich Herbert eine Adlerfeder auf den Hut und legt sich eine Decke um die Schultern: »I glaab i stirb.«

Aber es wird Rosenmontag und er stirbt nicht.

»Vielleicht ist es ja auch nur der Schnupf-Entzug.« Die Gefahr ist gebannt.

Dann wieder: »Wir wandern aus. Nach Oregon.« Der Franz muß mit und die Gabi, Annamirl und ich. Das kommt alles von der Tschernobyl-Geschichte. »Da könnt ihr fei schon allein fahren«, sagt Annamirl dazu nur. Wir planen alles mögliche. Und plötzlich ist alles wieder erledigt. Ich schreibe. Annamirl spielt Theater. Herbert malt. Sepp spielt Theater. Dann bleiben wir halt alle hier. Auch recht. Täglich verändert sich Herberts Zimmer. Er malt ja nicht wie ein Maler an der Staffelei oder in einem Atelier. Er arbeitet am Boden, meterhohe Bilder, die er in Einzelteilen malt und dann zusammensetzt. Ein japanischer Freund hat ihm Papier aus Japan geschickt. Es ist wieder genauso spannend wie beim Tee. Das Papier wird befühlt, gegen's Licht gehalten. »Mein Gott und Gotterl. Ich muß ja noch so viel malen«, stöhnt er manchmal. Denn in seinem Kopf entstehen Bilder und nehmen keine Rücksicht auf seinen Rücken, oder darauf, wie schwach er sich fühlt. Aus der ewig wechselnden Wasserfläche vor dem Fenster springt ein Ozean aufs Papier, arbeitet sich in wilden Blautönen hinein und wandert in den Ofen. Vorbei. Nie wieder. Jetzt mal ich nix mehr«, sagt Herbert am Abend beim »Kaseln«, wenn wir, meistens am Mittwochabend, Käse und Brot essen,

Wein trinken, Tee aus tibetischen Silbertassen dazu und ratschen, während hinter uns im Schwarzweißfernseher soviel Realität abläuft, wie es gar nicht gibt. »I kann nimmer. Das Malen bringt mich um.« Und schon am nächsten Tag entsteht eine neue Serie, Föhnchel, Würstelbude, Sitzende und so fort.

Dann sitze ich in meinem Zimmer und schreibe, und es klopft: »Hättest du noch ein Deckweiß, ein Ponal?« Bei mir ist die Erste-Hilfe-Station für Malutensilien, die ausgehen. Wenn's ganz knapp wird, muß meine Tochter Walli aushelfen. Manchmal malen sie zusammen.

»Ich habe drei japanische Teekannen, drei tibetische Teetassen und chinesischen Tee. Da soll doch noch mal einer kommen und sagen, daß an mir was Bayrisches ist«, sagt Herbert, zwischen seinen drei Teekannen sitzend, die ich die drei Tanten nenne. Neben ihm auf dem Kanapee liegen seine drei Hüte, am Boden verstreut seine drei Paar Schuhe.

Kurz vor seinem Tod hat Joseph Beuys eine Karte an Herbert Achternbusch geschrieben, daß er seine Filme sehr schätzt. Damit hat er eine innere Verwandtschaft ausgedrückt, die sonst nur abwertend, z. B. in einer Besprechung von Herberts Bildern im »Merkur«, ausgedrückt wird: Wo Beuys seine Fettflecken ausstellen kann, ist auch Platz für Herberts Bilder.

Das Problem mit dem gesunden Menschenverstand des Volkes ist, daß er so leicht ins gesunde Volksempfinden abrutscht. Wenn Kishon sagen kann, daß er nicht glaubt, moderne Kunst sei eine Schmiererei, sondern er wisse es, müßte man ihm mit Mark Rothko antworten, dessen Radikalität im Umgang mit Farbe und Fläche mich an Achternbusch erinnert. »Die Welt der Imagination ist frei und steht in gewaltigem Gegensatz zum gesunden Menschenverstand. Es ist unsere Aufgabe als Künstler, dem Betrachter die Welt von unserem Blickwinkel, nicht von seinem, darzustellen.«

Wir werden morgen die Nullkopie des neuen Achternbusch-Films »Wohin« anschauen. Herbert sitzt auf dem Boden zwischen Papierstreifen, Ponalkleber und Aquarellfarben, das Wasser dafür ist in einer alten bemalten Teetasse aus Niederbayern. Er beklebt eine Biographie von Beuys. Alle Titel von Büchern, die ihm wichtig sind, werden beklebt, gestaltet und landen als eigenständige Kunstwerke rechts und links vom Holzbuddha im Regal (im selbstgebauten Regal natürlich, das unter dem selbstgebauten Kasterl steht, über dessen welliges altes Glas sich die grünen geleimten Stiele von Lotosblüten ziehen...). Gestern hat er aus dem Birnenstiel einer Birne, die er in Mauthausen im KZ gegessen hat, einen Schnupftabaksglasverschluß-Fetisch gemacht.

»Wenn du beim Film nicht ein einziges mal lachst, kriegst du von mir hundert Mark«, sagt er zu mir. Und ich weiß jetzt schon, daß ich wieder nichts verdienen werde.

ISABELLE EBERHARDT

An allen Quellen der Trunkenheit

Ain-Sefra, die algerische Wüstenstadt, wird in der Nacht vom 20. auf den 21. Oktober 1904 von einem ungewöhnlichen Unwetter heimgesucht. Der tropische Regen läßt das Wasser im Flußbett rasch ansteigen. Da es in der sonnengehärteten Erde nirgendwo versickern kann, entsteht ein reißender Strom, der einen Teil der Oase – die Lehmhütten im Wadi, in denen die Ärmsten leben – zerstört. Der Fluß reißt Hütten, Bäume, Menschen und Tiere mit sich. Unter den Toten befindet sich Isabelle Eberhardt, 27 Jahre alt, Schweizer Bürgerin, verheiratete Ehnni, Schriftstellerin, Abenteurerin.

Hubert Lyautey, der Kommandant einer französischen Legionärstruppe, ein kleiner Napoleon in Algerien, aber auch ein Freund Isabelle Eberhardts, hielt ihre Grabrede. »Wir haben uns gut verstanden, die arme Mahmoud und ich«, sagte er bei der Beerdigung in Ain-Sefra. »Ich werde unsere nächtlichen Gespräche stets in bester Erinnerung behalten. Sie war das, was mich auf der Welt am meisten fasziniert: eine Außenseiterin. Was für ein Vergnügen, jemanden zu treffen, der ganz er selbst ist, jenseits aller Vorurteile, aller Heuchelei, aller Klischees, und der ein freies Leben führt, wie ein Vogel in der Luft!«

Isabelle Eberhardt gehörte zu den Menschen, die ihre Kerze an beiden Seiten angezündet haben. Als ich vor einiger Zeit von einer Reise durch die Sahara zurückkam, erwartete mich die Nachricht einer befreundeten Regisseurin, Gabi Kubach, die mich bat, sie zu treffen. Sie wolle einen Film über Isabelle Eberhardt machen und habe gehört, daß auch ich an diesem Projekt arbeite. Wir trafen uns, um über Isabelle zu sprechen. Alles, was sie geschrieben hatte, war lebendig, arbeitete als sinnliche Erinnerung in mir. Ich hatte noch den rauhen Wind der Wüste auf der Haut, spürte noch die rote Sonne, die sich abends in den Staub legt, sah noch die Frauen vor mir, die im rötlichen Licht barfuß zum Brunnen laufen. Ich spürte noch die Nächte vollkommener Stille in mir, den Sternenhimmel, der jeden Moment auf den kalten, nächtlichen Wüstensand zu stürzen droht.

Ich erzähle Gabi von den ausgemergelten Frauen der Wüste, die am Brunnen stehen – *»Madame, stylo! Madame, tricot!«* –, die meine Tochter auslachen, weil sie die Haare kurz trägt wie ein Junge und weil sie – mit zwölf Jahren – noch keine Kinder hat. Ich erzähle ihr von Haani, die schon ein Kind hat und, kaum vierzehnjährig, mit dem nächsten schwanger ist. Ihre Mutter, die uns zum Tee einlädt, ist kaum vierzig und sieht uralt aus.

Wir sprechen über Isabelles Sehnsucht nach Ekstase, dem Gefühl vollkommener Hingabe, das auch ich nur in der Wüste je erlebt habe.

Hingabe an das Schicksal, *»mektoub«*, wie Isabelle es beschreibt, ist ihre große Sehnsucht, Hingabe an Leidenschaft und Schmerz hat sie ihr Leben lang zelebriert.

»Ich möchte schlafen in der kühlen Frische und der tiefen Stille unter den schwindelerregend auf mich einstürzenden Sternen, mit dem grenzenlosen Himmel als Dach und der feuchten Erde als Bett... einschlummern mit dem sanften, traurigen Gefühl meiner absoluten Einsamkeit und der Gewißheit, daß nirgendwo auf dieser Welt auch nur ein Herz für das meinige schlägt, daß auf keinem Flecken dieser Erde auch nur ein Menschenwesen um mich weint oder auf mich wartet. Das alles zu wissen, frei zu sein und ohne Fesseln, ins Leben geworfen, jene große Wüste, in der ich immer nur ein Fremder, ein Eindringling bleiben werde, das ist es, in all seiner tiefen Bitterkeit, das einzige Glück, das das *mektoub* mir je gewähren wird«, schreibt sie in ihren »Tagwerken«. »In Zukunft werde ich mich in den unbeständigen Wellen des Lebens wiegen. Ich werde mich an allen Quellen der Trunkenheit berauschen, ohne zu verzagen, wenn sie so unerbittlich versiegen...«

Irritiert habe ich diese pathetischen Zeilen gelesen, fast wütend war ich, als mir zum erstenmal das Werk Isabelle Eberhardts begegnete. Was für eine melodramatische Sprache, schwüler Gefühlssumpf einer überspannten jungen Frau der Jahrhundertwende, dachte ich und konnte nicht aufhören zu lesen. Ihre Aufzeichnungen haben mein Leben verändert, haben mich auf die Suche nach ihrer Ekstase, ihrem Schmerz geschickt. Satz um Satz habe ich erarbeitet, erträumt.

Lebendig wurde Isabelle für mich zum erstenmal in Algerien, als ich allein unterwegs in die Wüste war und mir auf dem Flughafen mit ihren Büchern eine Nacht um die Ohren schlug. Ich hatte mich auf einer Zeitung am Boden ausgestreckt, las ihre »Tagwerke«, die Tasche mit Geld und Paß irgendwo hinter mir, umgeben von Frauen, die in weiße Schleier gehüllt auf großen Plastiktaschen schliefen. Aus dem Walkman floß »Pink Floyd« und füllte meinen Kopf.

Was Isabelle schrieb, hätte ebenso gut mein eigenes Leben beschreiben können: »Die Arbeit gibt mir nicht nur die Möglichkeit, weiterzuleben, wenn meine bescheidenen Mittel erschöpft sind, sondern sie ist auch ein großer Schutz gegen das Leid. Man muß lernen, sich der gegenwärtigen Stunde hinzugeben, nicht, wie ich es bisher tat, nur in der Zukunft zu leben, denn das ist ein natürlicher Grund für weiteres Leid. Das Leben in der Vergangenheit, in dem, was gut und schön gewesen ist, ist gewissermaßen die Würze der Gegenwart. Aber das dauernde Warten auf später, auf den nächsten Tag, führt unvermeidlich zu einer permanenten Unzufriedenheit, die das Leben vergiftet. Man muß lernen, tiefer zu fühlen, klarer zu sehen und vor allem, noch und noch zu denken.«

Ich verstehe gut, warum Isabelle Nordafrika, die Wüste und ihre Bewohner gewählt hat, um ein Leben zu gestalten, das »arm an Bedürfnissen« ist, um ein Nest zu bauen »in der Tiefe der Wüste, weit entfernt von den Menschen«.

»Mich monatelang isolieren. Meine Seele von jedem menschlichen Kontakt fernhalten. Vor allem jedes gemeinschaftliche Leben mit wem auch immer meiden, die störenden Vereinigungen und Verquickungen meiner Angelegenheiten und Interessen mit den zwangsläufig entgegengesetzten der anderen.«

Wer kennt diese Sehnsucht nicht: ganz allein unter dem ewigen Sternenhimmel in die Nacht lauschen, eins sein mit allem.

Mag sein, daß Isabelle Eberhardt von den schwülstigen romantischen Abenteuerschriftstellern ihrer Zeit beeinflußt war – einer ihrer Lieblingsautoren war Pierre Loti, ein französischer Abenteurer und Weltenbummler, der in seinem Buch »Indienreise« beispielsweise schreibt: »Die Palmen, immer endlos die Palmen! Zuerst die hoch in die Lüfte ragenden, die sich am Ende der hohen schwankenden Stämme in großen Wedeln ausbreiten, und unter ihnen noch in größerer Fülle die ganz jungen Bäume, die in Büscheln aus dem feuchten, warmen Erdboden emporsteigen. Und alle sind so grün, so glänzend grün! In strahlender Pracht funkeln sie in der Sonne, während unter ihnen die Lagunen in dieser mittäglichen Sonne wie Zinnspiegel flimmern. Welcher Überschuß von Lebenskraft sich da in meiner Barke verausgabt...« und so weiter.

Diese Art zu schreiben weckt mit jedem Wort ein Gefühl, bringt Schwüle auf. Aber auch die sinnliche Intensität und die Kitschigkeit solcher Beschreibungen entspringt ja dem Bedürfnis, endlich wirklich zu fühlen und das Gefühlte bildhaft in Worte zu fassen. Beides versuchte Isabelle verzweifelt in ihrem Leben zu verwirklichen.

Ihr Hunger nach Freiheit – was immer das sei – wird schon von Kindheit an in ihr genährt. Ihre Mutter, Nathalie, eine gebürtige Deutsche, flieht mit dem Hauslehrer und ihren drei Kindern aus der Ehe mit einem russischen General des Zaren in die Schweiz. Der verlassene Ehemann reist den Fliehenden nach, wird erhört und darf noch eine Nacht mit seiner Frau verbringen. Dann reist er zurück nach Rußland. Nathalie und Trophimowsky, ihr Geliebter, kaufen in der Schweiz, in Meyrin bei Genf, ein Haus.

Die Schweiz – insbesondere Genf – ist zu dieser Zeit Zufluchtsort für politische Flüchtlinge, russische Nihilisten, Anarchisten, revolutionäre Jungtürken, die hier vor den Geheimpolizisten ihres Landes Schutz suchen, wie später auch Lenin in Zürich.

Als Nathalies Mann stirbt, hinterläßt er ihr ein Vermögen. Mit Trophimowsky hat sie noch zwei Kinder, die in der Schweiz zur Welt kommen: Augustin und die jüngste, Isabelle, die am 17. Februar 1877 geboren wird. Augustin spielt in Isabelles Kindheit die wichtigste Rolle. Er ist ihr Lieblingsbruder, ihr Vertrauter, ihre Jugendliebe, ihr Alter ego. Daß er später heiratet und ein bürgerliches Leben mit einer spießigen Frau führt, wird sie ihm nie verzeihen.

Isabelles Kindheit und Jugend ist geprägt von den anarchistischen Dogmen des Vaters, der von allen Kindern nur Vava genannt wird. Er ist der Auffassung, daß man Mädchen und Jungen gleich zu erziehen habe, daß Mädchen in erster Linie genau wie Jungen etwas fürs Leben lernen sollen. Daß das einzig wünschenswerte Kapital im Leben eines jungen Mädchens Wissen ist. In diesem Sinn werden alle Kinder von ihm unterrichtet. Schon im zarten Alter von acht Jahren spricht Isabelle russisch, französisch, arabisch und deutsch und raucht Kette. Vava lehnt Schulen ab, und keins der Kinder besucht jemals eine öffentliche Schule.

Wenn die Kinder nicht unterrichtet werden, arbeiten sie im Garten und verwandeln die Wildnis in einen von allen Besuchern gerühmten Ökogarten mit exotischen Gewächsen, oder sie reiten auf ihren Pferden weit in die Umgebung aus. Besucher sind in der »Villa Neuve« an der Tagesordnung: Anarchisten und Revolutionäre aus Rußland, Freunde Vavas, die Neuigkeiten bringen und mit Vava nächtelang Bakunins Thesen diskutieren. Isabelle wächst ganz selbstverständlich mit philosophischen Auseinandersetzungen, mit der Ablehnung von Kirche und Staat, mit der Suche nach Freiheit und Selbstverwirklichung auf. Und doch sind die Kinder mit Vavas extremer Lebensweise sicher überfordert: Die älteste Tochter flieht in eine bürgerliche Ehe, Augustin geht zur Legion, Wladimir wird sich später das Leben nehmen. Isabelle, die immer Sehnsucht nach Afrika hatte, zieht mit ihrer Mutter nach Bône, dem heutigen Annaba, in Algerien.

Hier scheint sie zu finden, was sie immer erträumt hat. Als junger arabische Gelehrter verkleidet durchwandert sie die Stadt und studiert das Leben der Menschen. Sie vertieft sich immer mehr in die islamische Religion und tritt ihr schließlich auch bei. Sie nennt sich Si Mahmoud. Seit Jahren schon hatte sie die rituellen Waschungen durchgeführt, die der Islam verlangt. Ihr türkischer Freund Archivir, Anhänger der türkischen Jugendbewegung, hatte ihr den Islam und die körperliche Liebe nahegebracht.

Um die Jahrhundertwende war das Exotische ebenso in Mode wie heute wieder. Reisen von Frauen in orientalische Länder waren zwar nicht an der Tagesordnung, abe doch nicht ganz ungewöhnlich. Die Kolonialbewegung erlebte ihren Höhepunkt und ebnete den Weg für

Abenteurer und Träumer. In dieser Zeit brach Alexandre David-Neel nach Tibet auf, um die tibetische Bön-Religion und den Buddhismus zu studieren, und blieb dort zwanzig Jahre. Als junger Bey verkleidet reiste Elsa Sophie von Kamphoevener durch die Türkei und sammelte Geschichten an den »Nachtfeuern der Karawan-Serail«, Märchen, die von Männern nur für Männer bestimmt waren.

Als Isabelles Mutter stirbt, ist sie so verzweifelt, daß sie sich umbringen will. Vava, der zur Beerdigung gekommen ist, gibt ihr einen Revolver. Er ist der Meinung, jeder Mensch müsse frei über sein Leben, seine Liebe und seinen Tod entscheiden können. Isabelle entscheidet sich fürs Leben.

Ihre großen Leidenschaften sind Kif und Absinth, die »grüne Fee«, ein bitterer Branntwein aus Wermut, dessen Extraktstoff Thujon bei zu hoher Dosis als Gehirngift wirkt, Krämpfe und Lähmungen hervorruft und zur Erblindung führt. Deshalb wurde Absinth schließlich verboten und ist nur illegal zu haben.

Aus Isabelles Aufzeichnungen geht hervor, daß es sie zur einheimischen Bevölkerung zog und sie die Kolonialherren verachtete. Wird sie anfänglich in Bône noch mit ihrer Mutter zu Empfängen der Franzosen geladen, wo sie, als Mann verkleidet, stets Aufsehen erregt, so fällt sie schnell in Ungnade, als ihr unkonventioneller Lebensstil und vor allem ihre Liebe zum algerischen Lastenträger Slimène Ehnni bekannt wird. Gerüchte werden in Umlauf gebracht, die sie abwechselnd als Spionin für die Franzosen und für die Nomadenstämme verdächtigen.

So radikal, wie sie ihren Hunger nach Lebendigkeit und Freiheit auslebt, gibt sie sich auch der Liebe zu Slimène hin. Lange Tage und Nächte verbringen sie in Isabelles Zimmer, das nur mit einem Bett, einem Tisch zum Schreiben und einem Stuhl möbliert ist. Ihr Tagebuch, das vorwiegend aus verzweifelten Ausbrüchen und sensiblen Beschreibungen ihrer Ritte in die Wüste besteht, wird auch in der Liebe zu Slimène ihr wichtigster Gesprächspartner. Die Zeiten, in denen er bei der Truppe sein muß, schildert sie in düsteren Farben.

»Alles was entsteht, entsteht aus dem Warten und dem Leid«, schreibt sie. »Ich bin regelrecht krank vom Warten auf Slimène, von dieser Ungewißheit über ihn.«

Obwohl Slimène die Antwort auf ihre Sehnsucht ist, bleibt Isabelle rastlos. Sie macht sich Vorwürfe, ihm nicht gerecht zu werden, leidet unter der Feindseligkeit, der sie beide ausgesetzt sind. Ihre Liebe ist auch überschattet von Slimènes Militärdienst, der ihn nach Marseille bringt. Isabelle überwindet ihre Krisen und auch ihre körperlichen Leiden – denn daß sie zeitlebens sehr krank war, kann gar nicht bezweifelt werden: Nierenkoliken, Malaria, Schwächeanfälle und Delirien durch den Mißbrauch von Drogen und Alkohol –, indem sie mit ihrem Pferd Souf in die Wüste reitet. Vom Vermögen ihrer Mutter ist ihr nur so viel geblieben, daß sie sich das Pferd kaufen konnte.

Die Ausflüge strapazieren sie, geben ihr aber auch neue Kraft und die Visionen, die sie zum Schreiben braucht. Über ihre sexuellen Beziehungen während Slimènes Aufenthalt bei der französischen Armee schreibt sie unbekümmert: »Mittlerweile suchen mich die köstlichsten Träume heim, von Keuschheit keine Spur.« Und: »Gar nicht zu bestreiten: Ich liebe den Mann, der mich sinnlich, zumindest physisch am allerwenigsten anzog. Auch seine Liebe hat etwas Wildes, etwas Unfranzösisches, etwas Unmodernes. Denn geliebt hat er mich sicherlich. Seine Liebe erreichte den Höhepunkt an dem Tage, als er bei unserer Ankunft in Biskra so verzweifelt weinte. Er liebte mich; da er mich aber nicht verstand, fürchtete er mich. Er glaubte, die Flucht und das Verlassen wären seine Rettung.«

Sie hat das Problem vieler Frauen, die auch ihre Schwächen stark ausleben und damit den Männern Furcht einjagen. »In der modernen, zerrütteten Welt ist der Ehemann im allgemeinen nie derjenige, der die Sinnlichkeit erregt«, notiert sie über die Ehe. »Unwürdig und dumm bindet man das Leben eines jungen Mädchens an einen Ehemann, eine im Grunde lächerliche Person. Ihm gehört die materielle Jungfräulichkeit der Frau. Und sie muß ihr Leben meist angewidert an seiner Seite verbringen, bis sie einen anderen trifft, der ihr unter finsteren, entwürdigenden und verlogenen Umständen beibringt, daß es eine ganze Welt von Sinnesempfindungen, Gedanken und Gefühlen gibt, die das ganze Wesen regenerieren.«

Nicht nur 1901 werden solche Worte, von einer Frau gesprochen, gedacht und auch gelebt, als Skandal empfunden. Kein Wunder, daß die französische Kolonialgesellschaft empört aufgeschrien hat. Kein Wunder auch, daß die vielen Militärpersonen, Legionäre und andere wüstensüchtige Franzosen in Isabelle die Verwirklichung ihrer sexuellen Sehnsüchte erhofften – und nicht selten auch fanden. »In Algerien waren Sie Gegenstand zahlloser Begierden«, sagt ihr ein französischer Hauptmann, und sie kommentiert diese Bemerkung in ihrem Tagebuch: »Bis zu einem gewissen Punkt weiß ich es nur allzugut, so sehr habe ich darunter gelitten.«

Denn die Kehrseite der romantischen Freiheit auf einem Pferd allein in der Wüste, inmitten einer streng islamischen Gesellschaft und herumziehenden Legionärsbanden, kann nur die sein: Eine Frau, die nicht von einem Mann beschützt wird, die keinen Ehemann – sprich Besitzer – bei sich hat, ist Freiwild. An vielen Stellen ihres Tagebuchs wird ihr Leidensweg deutlich.

Isabelle trinkt und kifft übermäßig viel. Sie zieht oft nächtelang durch Spelunken, in denen Legionäre und Prostituierte verkehren. Aus diesen Erlebnissen kommt der Stoff für neue Kurzgeschichten, wie sie in den »Islamischen Blättern« gesammelt sind: »Unzugänglich und hochmütig gegenüber ihresgleichen und den Kunden mit den roten Westen oder den Soldatenhosen, stand sie den Armen und den Gebrechlichen hilfreich zur Seite. Dennoch berauschte sie sich, genau wie die anderen, am Alkohol und verbrachte lange Stunden wartend auf ihrer Türschwelle, die unvermeidliche Zigarette im Mund und die Hände über dem angezogenen Knie gefaltet. Doch stets bewahrte sie jene ernste, traurige Miene, die so gut zu ihrer düsteren Schönheit paßte, und in ihren Augen mit dem gedankenlosen, in die Ferne schweifenden Blick flackerte die Flamme der Leidenschaft.«

Das Unglaubliche geschieht: Um Slimène nahe sein zu können, nach dem sie sich rasend sehnt, heiratet sie ihn in Marseille. Es soll der einzige Tag in ihrem Leben bleiben, an dem sie Frauenkleider trägt. Als Slimène vom Militär entlassen wird, kehren beide nach Afrika zurück.

Wie nicht anders zu erwarten, raubt ihr die Ehe den letzten Nerv. Sie versucht, Slimène eine gute Frau zu sein, aber sie ist nicht die Frau, die am Herd steht und ihrem Mann Geborgenheit gibt. Es sind wohl hauptsächlich die Armut und der Druck der Gesellschaft, denen die beiden nicht standhalten. Ein wahres Kesseltreiben wird gegen Isabelle geführt, sie wird verklagt und muß sich vor Gericht den absurdesten Anschuldigungen stellen. Schließlich verübt auch noch ein religiöser muslimischer Fanatiker (oder ein bezahlter Killer, wie Isabelle vermutet) ein Attentat mit einem Schwert auf sie. Isabelle wird verletzt, erholt sich aber relativ schnell wieder. Sie besucht eine berühmte Mystikerin, Lella Zeyneb, von der sie sehr beeindruckt ist. Lellas Situation als weiblicher Marabu ähnelt der von Isabelle. Beide haben das Ungewöhnliche gewagt, beide leiden darunter und stehen doch dazu.

Isabelle und Slimène sind isoliert und bettelarm. In dieser verzweifelten Zeit bleibt Isabelle nur ein Freund: Victor Barrucand, liberaler Journalist, Herausgeber einer Tageszeitung, der sich für gemäßigte Reformen der Franzosen in Algerien einsetzt. Er veröffentlicht in seiner Tageszeitung *Les Nouvelles* und in der arabischsprachigen *Akhbar* Isabelles Kurzgeschichten und Reportagen. Slimène verschafft er einen Posten als Gemeindeschreiber im algerischen Ténès am Mittelmeer. Isabelle hält es nicht lang an der Seite ihres Mannes. Sie flieht vor den zunehmenden Spannungen und Streitigkeiten in die Wüste.

In Ain-Sefra wird sie 1903 dem General Hubert Lyautey vorgestellt, der wie ein kleiner Napoleon mit seiner Legionärstruppe im marokkanischen Grenzgebiet haust. Er stellt ihr einen Passagierschein für das gesamte Grenzgebiet aus, damit sie ungehindert reisen kann – mit dem Hintergedanken, daß sie für ihn als Kundschafterin und Informantin über die verfeindeten Stämme des Grenzlandes dienen könnte.

Als Isabelle Anfang 1904 für General Lyautey auf die Reise ins marokkanische Grenzland geht, läuft ihre Uhr ab: Von Malariafieber geschüttelt, wird sie ins Militärhospital von Ain-Sefra gebracht. Sie läßt Slimène kommen und überredet ihn, sie aus dem Krankenhaus zu holen. Im Wadi von Ain-Sefra beziehen die beiden eine Lehmhütte. Isabelle versucht zu schreiben, aber die meiste Zeit trinkt sie und kämpft verzweifelt um ihr seelisches Gleichgewicht. In ihrer letzten Tagebucheintragung schreibt Isabelle Eberhardt am 31. Januar 1903, fast zwei Jahre vor ihrem Tod: »Alles – einschließlich meiner selbst – hat sich radikal verändert. Seit einem Jahr bin ich wieder auf dem gesegneten Boden Afrikas, den ich nie mehr verlassen möchte.«

Dieser Wunsch soll sich erfüllen. Isabelle stirbt auf afrikanischem Boden und wird in afrikanischer Erde begraben, wie sie es erträumte. Sie hinterläßt keine Nachkommen. Slimène stirbt 1907. Zehn Jahre nach ihrem Tod begeht ihr Lieblingsbruder Augustin Selbstmord. In Colomb-Béchar, Ain-Sefra und Algier werden Straßen nach Isabelle Eberhardt benannt.

»Welch glückseliges Gefühl, eines Tages mutig alle Fesseln abzuschütteln, welche das moderne Leben und die Schwäche unseres Herzens uns unter dem Vorwand der Freiheit angelegt haben; sich symbolisch mit Stab und Bettelsack zu rüsten und fortzugehen! Für den, der den Wert, den köstlichen Reiz der einsamen Freiheit kennt (denn man ist nur frei, solange man allein ist), ist der Aufbruch der mutigste und schönste Akt der Welt. Ein egoistisches Glück vielleicht. Doch für den, der es zu genießen weiß, ist es tatsächlich das Glück. Allein sein, arm an Bedürfnissen, unbekannt, überall fremd und überall zu Hause, einsam und groß seiner Wege gehen, die Welt erobern!«

Immer noch folge ich Isabelles Spuren in die Wüste, suche im grobkörnigen Schleier des Sandsturms nach ihren mystischen Visonen. Immer noch zittere ich, wenn die ausgebrannte Erde mit scharfen Zähnen nach mir schnappt und mir Angst macht vor dem Land des Durstes und der Geister, die hier Dschinns genannt werden. Wenn die Sonne sinkt und die Steine zu flüstern beginnen, weiß ich, daß die Wüste Isabelle nicht vergessen hat. Sie hat in diesem Land keine flüchtigen Berührungen gesucht, ihre Seele ist im Sandmeer ertrunken. Und wenn sie eins geworden ist mit der sonnenharten Erde, die sie so sehr liebte, werde ich ihr wohl auf meiner Reise zum heiligen Berg der Wüstenvölker, dem Garet el Dschennoun, Berg der Geister, im Herzen der Sahara begegnen. Dann werde ich ihr erzählen, daß Werner Herzog und Hollywood an der Verfilmung ihres Lebens gescheitert sind und werde ihr gestehen, daß ich noch nie Absinth getrunken habe.

JIM MORRISON

Die dröhnende Musik aus dem Walkman vermischt sich mit dem Stampfen des Schnellzugs. Aus dem rhythmischen Pulsschlag bricht langsam Jim Morrisons Stimme, und neben mir verschluckt sich eine Frau an Mineralwasser. Die magische Stimme trägt mich sanft durch die Nacht. Nach Paris. Auf dem Flur betrinkt sich ein Junge stetig und gründlich, starrt durch die dunkle Scheibe in sein weggetretenes Gesicht. Es reicht nicht, zu saufen, zu kiffen, Trips zu werfen, möchte ich ihm sagen. Du mußt aus der Hölle kommen, exzessiv sein, dich selbst darstellen können. Wie Jim.

Ich denke an die Morrison-Imitate, die Anfang der 70er Jahre unsere Kommunenwohnungen bevölkerten: lange Haare, verklärter Blick, immer etwas zu rauchen, aber nichts auf dem Kasten. Gegen Jim Morrison und seine Freunde gründeten wir die ersten feministischen Selbsterfahrungsgruppen. Der Sexismus der Hardrock-Generation ödete uns an, wir schrieben unsere eigenen, leidenschaftlichen Gedichte. Und doch formulierte Morrison etwas, das auch uns berührte. Er war mehr als irgendein Rockstar. Zwar konnte er kein Instrument spielen, anfänglich nicht einmal singen. Aber er war einfach da, in sich versunken, in sich verliebt, gab sich der ganzen Woge von Zorn, Lust, Lachen, Ekstase hin, war zugleich distanziert und zweifelnd.

Ich habe mich auf den Weg gemacht, seinen letzten Tagen in Paris nachzuspüren, mich wieder in die späten 60er, beginnenden 70er Jahre zurückfallen zu lassen. Was für eine Zeit! Aufbruch, *Revolution in the Air*. Die »Stones« waren das Obszönste, das unsere Eltern je gesehen hatten. Aber wo die »Stones« aufhörten, fingen die »Doors« erst an. Wir gingen auf die Straße, erst gegen die Kriege in Kambodscha und Vietnam, später gegen Verlogenheit und Prüderie. Wir wollten alles, und zwar sofort! Jim sang: »Die Zeit, zu zögern, ist vorbei!« Das war es, was wir hören wollten. Wir wollten uns austoben, leben, anders sein als unsere Eltern. War es nicht so?

Ich schaue mir einen Dokumentarfilm über die »Doors« an, sitze im feinen Hotelzimmer, in dem auch Jim einmal saß und lange vor ihm Oscar Wilde. Wie kam Jim bloß auf diesen ausgestopften, morbiden Luxus? Das wäre ein Hotel für seinen Vater, den Admiral, gewesen, mit all diesem großbürgerlichen Plüsch und Plunder samt der imposanten Bibliothek von Oscar Wilde. Jim kann sich hier nicht sehr wohl gefühlt haben. Jedenfalls sei er einmal sturzbetrunken aus dem zweiten Stock auf die Straße gesprungen und nur unverletzt geblieben, weil er auf einem Autodach landete. *»Who's there?«* flüstert Video-Jim ins Mikrophon, die Masse tobt. »In einem Konzert kannst du nicht verlieren«, sagt Morrison 1969 in einem Interview mit »Rolling Stone«. »Eine Menge Leute sind da, und es ist eigentlich egal, was du machst. Die Erregung, die Menschenmasse, alles verschmilzt zu einer Art Elektrizität... Es ist aufregend, aber es hat nichts mit Musik zu tun. Es ist Massenhysterie.«

Ich habe Jim nie live gehört und ihn ein einziges Mal live gesehen: im Frühling 1971 auf einer Party der Warhol-Factory in Paris, als Superstar Joe Dallessandro und Andy Warhols neuer Film »Trash« gefeiert wurden. Dallessandro war ein Bild von einem Mann, phantastisch gebaut, eitel und selbstgefällig. Neben ihm tauchte plötzlich ein angesoffener, bärtiger Typ auf, der Bauch hing ihm über die Hose, das weit offene Hemd gab den Blick auf seinen aufgedunsenen Körper frei. Mit der weißen Puderspur an der Nase und der Flasche Chivas Regal in der Hand machte er sich neben Dallessandro nicht sehr gut. Jemand tuschelte: »Das ist doch Jim Morrison.« Jim Morrison? Zu jener Zeit bereits kein Thema mehr. Abgetaucht. Zwar hörte ich mehr oder weniger Tag und Nacht meine Lieblingsplatte »Morrison Hotel«, aber das war auch schon alles. Vor mir stand ein fix und fertiger, besoffener, zugeknallter Typ, der vergessen hatte, was er eigentlich wollte. In seinem Waldschratbart hingen Tröpfchen vom Whisky, den er ab und zu aus der Flasche trank, seine Haare waren wirr, und seine Augen starrten leer. Sein wirres Haar! »Wie Rabenflügel«, hatte er einem Freund einmal erklärt, als der ihn nach dem Sinn seiner langen Haare fragte. Sein Totemtier war jedoch die Eidechse. »Ich bin der *lizard king,* ich kann tun, was ich will!« rief er während eines Konzerts. Er muß beim schreibenden Schamanenjünger Castaneda nachgelesen haben, wie man sich die Kraft der Echsen zufließen läßt. Jim war hochempfänglich für die andere Welt. Bereits in der Schule verschlang er Dämonenkultbücher aus dem Mittelalter, mit vierzehn den »Ulysses« von James Joyce. Und er habe ihn auch verstanden, wie sein Englischlehrer versichert.

Die »Doors« – auf Trip in der Mojavewüste – stiegen in die Geheimniskrämerecken der dunklen Seelenkellerabteile hinunter. Die Welt stand in Flammen, in Vietnam wurde gekifft und gestorben. Atombomben wurden gebaut, die Indianer begannen ihre Aufstände. Die Verhinderung aller wahren Empfindungen hatte ihre Gegner gefunden. Wo die überwältigende Lust bürgerliche Kulte überwand, das Lachen die Angst mitriß und die kosmische Ekstase unsere Hirne beutelte, pulste auch die Musik der »Doors«. Jims Stimme, die so beiläufig schamanische Szenerien hervorlockte, formulierte, was wir brauchten. Oder führte er uns mit der Macht seiner Sprache dorthin, wo er uns haben wollte? Wir waren bereit, alles in Frage zu stellen. Hin- und hergerissen zwischen Verachtung für die kalten Alten und der Idee, die neue, die ganz andere, die schuldlose und reine Generation zu sein, dachten wir, es reiche, einfach nur jung zu sein. Wir waren unzerstörbar.

Jim jedoch – mit dem unbekümmerten Humor eines Kiffers, der allem eine komische Seite abgewinnt – erkannte, daß wir nicht *for ever young* sein würden, und entzog sich rechtzeitig. Während er in seinen Fans den Aufstand entzündete, begann er selbst wie ein abgewrackter Chauvi nur noch seinen wilden Sex- und Gewaltphantasien nachzujagen. In Craig Kee Strets autobiographischem Roman, in dem der damals 15jährige Cherokee seine Zeit mit Jim beschreibt, explodiert der Morrison-Mythos in einem monströsen Alptraum aus Vergewaltigung, Hunger nach Leben, Zerstörung und Gefühllosigkeit.

Sein Countdown begann in Paris. Mag sein, daß das Leben dort ruhig, romantisch und voller schöner Erlebnisse war, wie Freundin Pamela Courson nach seinem Tod verlauten ließ. Fest steht, daß Jim nirgends so viel gesoffen und niemals mehr Rauschgift konsumiert hat als in der

Seine-Stadt. Sein Bermudadreieck erstreckte sich zwischen der Rue Beautreillis Nr. 17, wo er mit Pamela in der Wohnung einer abwesenden Bekannten wohnte, dem ehemaligen »Rock 'n' Roll Circus« und heutigen »Whisky à Gogo« an der Rue de Seine Nr. 54 und dem Friedhof Père Lachaise. Irgendwo in diesem Dreieck verschwand James Douglas Morrison zwischen dem 2. und 4. Juli 1971, darüber gibt es verschiedene Aussagen und Dokumente.

Es war heiß im Sommer 1971. Jim schrieb Gedichte und Drehbuchskizzen. Er hatte sich mit Hervé Mueller, Agnès Varda, der Mutter der französischen *nouvelle vague*, und Jacques Demy angefreundet. Bei Hervé schlief er seinen Drogenrausch aus, mit Jacques diskutierte er Filmideen. Aber Agnès' Vorschlag, in ihrem Dokumentarfilm »Lions Love« mitzuspielen, lehnte er ab. »Jim hatte überhaupt keine Lust, sich der Disziplin beim Drehen zu unterwerfen«, sagt Agnès Varda heute. Am 25. Juni sah Zouzou, die zurückgekehrte Eigentümerin der Wohnung an der Rue Beautreillis, Jim zum letzten Mal im Café »Flore«. Hier hatten Simone de Beauvoir und Jean-Paul Sartre das Kriegsende gefeiert, hatte Beauvoir eine Pressekonferenz abgehalten, als Sartre den Nobelpreis ablehnte. Hier schrieb Jim Morrison Gedichte und brütete.

Am 2. Juli, seinem vermutlich letzten Lebenstag, geht Jim mit Pamela und Alain Ronay, einem französischen Freund, ins Kino. Sie sehen »Pursued« von Raoul Walsh. Danach setzt der Mythos ein. Ist Jim in der drückend heißen Nacht aufgestanden, hat sich ein Bad einlaufen lassen, dekorativ die Arme auf den Wannenrand gelegt, den Kopf zurückgelegt und ist an Herzschlag gestorben, wie Pamela sagte? Oder ging er in den »Rock 'n' Roll Circus«, kaufte sich Heroin, setzte sich den Todesschuß und wurde irgendwie von irgendwem nach Hause gebracht? Kam der Feuerwehrmann Alain Raisson auf Ronays Anruf am nächsten Morgen und stellte den Tod fest? Der Totenschein der *Préfecture de Paris*, der Jims Tod auf den 3. Juli, fünf Uhr morgens, festlegt, ist unleserlich unterschrieben. Oder stimmt es etwa, daß Sam Bernett, ein Angestellter des »Rock 'n' Roll Circus«, Jim in der Nacht vom 3. auf den 4. Juli in ebendiesem Schuppen noch lebend gesehen hat, wie er bis heute behauptet? Warum wurde keine Obduktion angeordnet? Warum wurde der Sarg sofort versiegelt? Fanden Marianne Faithful und Jean de Breteuil, ein junger aristokratischer Franzose, Jim Morrison im »Rock 'n' Roll Circus« beziehungsweise in der Toilette des angrenzenden »Alcazar« und brachten ihn nach Hause, wollten aber in die Sache nicht weiter verwickelt werden? Oder hat gar Pamela im Drogenrausch in jener schwülen Nacht den lädierten Jim um die Ecke gebracht, weil sie es satt hatte, seine Exzesse mitzumachen? Die Begleitumstände von Jims Tod können nie mehr geklärt werden. Pamela Courson starb drei Jahre später an einer Überdosis Heroin in Marokko. Und Agnès Varda äußert sich bis heute nicht zu Jims Tod. Obwohl sie von Pamela als erste gerufen wurde, noch ehe die Leiche eingesargt und abtransportiert war...

Dämmerung in Paris. Lichter glimmen auf, Gesichter strahlen im warmen Glanz der beginnenden Nacht. Jetzt würde Jim zum »Rock 'n' Roll Club« laufen, zitternd, weil er Stoff brauchte, *cold turkey*. Irgend jemand würde ihm etwas verkaufen. In der »Alexandre«-Bar, gleich um die Ecke beim feinen »George V.«-Hotel, würde er sich vielleicht betrinken und tanzen, und niemand würde ihn hinauswerfen. Eine Legende berührt man nicht.

Später säße er in der Rue Beautreillis im dritten Stock auf der Fensterbank und ließe die Beine baumeln, schaute auf die baumlose Straße hinunter und sänge vor sich hin. Sein immer noch sinnlicher Mund formte Gedichte wie Schmetterlinge, die suchende Seelen liebkosten. »Wir sind erotische Politiker«, sagte er einmal in einem Interview.

Vielleicht würde er sich an seine ersten Auftritte mit den »Doors« im »Roxy« oder im »Whisky à Gogo« in Los Angeles erinnern, als er dem Publikum den Rücken zuwandte, weil er schüchtern war, weil er nicht wagte, das Unerhörte in ihre Gesichter zu singen. Vielleicht würde er an das Konzert in New Heaven denken, wo er 1969 verhaftet wurde, nachdem er die Polizisten als »kleine blaue Männlein mit kleinen blauen Mützen und großen, großen Schlagstöcken« bezeichnet hatte, etwas, das nicht einmal die »Stones« gewagt hatten. »Wenn meine Dichtung auf irgend etwas abzielt«, verriet er dem »Rolling Stone«-Reporter 1969, »dann darauf, die Menschen aus den Zwängen zu befreien, in denen sie sehen und fühlen.«

Was hast du gesehen, Jim, bevor du auf die andere Seite gingst? Die ekstatischen Gesichter deiner Fans, die dich nicht mehr verstanden, dir nur noch beim langsamen Sterben zusahen? Die kleine Verbindungstür zwischen dem »Alcazar« und dem »Rock 'n' Roll Circus«, an der die Freaks lehnten und sich ihren Schuß verpaßten? Hast du, aus dem Badezimmerfenster der Rue Beautreillis, die herrschaftlichen Hinterhöfe gesehen? Hast du die ersten Vögel zwitschern, die Straßenkehrer lachen gehört? Hast du dich selbst angestarrt, vom Alkohol aufgedunsen, von Drogen zerstört, unfähig, deine Visionen noch in Worte und Bilder zu fassen, weil du dich immer weniger konzentrieren konntest?

Nach Jim Morrisons Tod, wie schon nach dem von Janis Joplin und Jimi Hendrix ein Jahr zuvor, entbrannte ein Kultfieber. Mit Alkohol, Trips, Amphetaminen und Shit schienen sich alle den toten Helden hinterherstürzen zu wollen. Auch einer meiner Freunde kam von der Reise nicht zurück und wurde bei der ewigen Gepäckaufbewahrung den Wärtern im weißen Kittel übergegeben, wo er heute noch dämmert. Ein anderer starb an einer Überdosis. Eine Freundin schnupfte sich die Nasenscheidewand durch und stürzte irgendwann im Heroinnebel auf einer Treppe zu Tode. Möglich, daß auch der »Doors«-Film von Oliver Stone ein Drogen-Revival provozieren könnte, obwohl sich Morrison-Darsteller Val Kilmer zum wirklichen Morrison verhält wie ein Plastikkärtchen zu prähistorischem Muschelgeld. Der wütende Protest der 70er Jahre, die Aufbruchstimmung eines Jack Kerouac, die fieberwahnmächtigen Gedichte von Gregory Corso, Pete Orlowsky oder Lawrence Ferlingetti, die Jim Morrison entscheidend beeinflußt hatten, die halluzinogenen Delirien der Erkenntnis sind einer neuen, selbstgefälligen Angepaßtheit gewichen. Heute ist es okay, Geld zu verdienen und Karriere zu machen. Und Exzesse finden wieder da statt, wo Bürger sie schon immer am liebsten hatten: hinter zugezogenen Vorhängen.

Es ist unmöglich, auf dem Friedhof Père Lachaise Morrisons Grab nicht zu finden. Überall zeigen kleine, hingekritzelte Pfeile mit der Aufschrift »Jim« den Weg. Père Lachaise ist eine merkwürdige Totenstadt mit vielen zerfallenen Grabhäuschen, umgestürzten Säulen, steinernen Engeln, leeren Schreinen, und sie wäre auch ohne Jim Morrison einen Besuch wert: Edith Piaf, Oscar Wilde, Honoré de Balzac, Bizet, Chopin, Gertrude Stein liegen hier für immer. Aber an Jims Grab spielen sich die dramatischsten Szenen ab. Kleine Mädchen legen weinend Blumen aufs Grab. Bärtige junge Männer in schwarzem Leder und mittelalte Yuppies in den Anzügen der Midlifecrisis stehen nebeneinander, Walkman-Stöpsel im Ohr. Es ist unschwer zu erraten, was sie hören. Ein Mädchen mit schwarz umrandeten Augen kauert neben dem Grab und murmelt mit erstickter Stimme: *»I love you, Jim.«* *»C'è solo Jim«*, sagt ein junger Italiener, »Jim lebt«, sein Freund. Die steinerne Büste, die Jims Kopf in jugendlicher Schönheit zeigte, ist schon lange geklaut. Auf dem Grabstein steht: »Die Nacht zerstört den Tag, der Tag teilt die Nacht, versuch zu laufen, dich zu verstecken, brich zur anderen Seite durch – *break on through the other side.«* Zwei Amerikanerinnen mit Rucksäcken haben sich aufs Nachbargrab gesetzt und eine Dose Cola aufgemacht. Eine klappt ihren Reiseführer auf und hakt auf der Liste der Sehenswürdigkeiten Jims Grab ab. Und unter den Doc-Martin-Schuhen eines englischen Punkers, etwa zwei Meter tief in der Erde, wartet der versiegelte Sarg Jim Morrisons, der nie geöffnet wurde, auf neue Interpretationen. Was wirklich passierte, nahm Pamela Courson mit in ihr afrikanisches Grab.

Als sie starb, machte ein freiwilliger Vietnamkämpfer im Ruhestand, Oliver Stone, seinen ersten Film , »Seizure«, der bestürzende Ähnlichkeit hat mit Morrisons Erstling »Why«. Beide Filme setzen sich in brutalen Schnittfolgen mit Sex, Gewalt und Krieg auseinander, beide wurden von der Kritik gnadenlos verrissen. Oliver Stone hat Jim in Paris angeblich ein Drehbuch, betitelt »Break«, gegeben. Kurz vor Drehbeginn zu »The Doors« bekam er es aus Jims Nachlaß zurück. Nach 20 Jahren. Schon merkwürdig. Warum hatte er Morrison das Drehbuch gegeben? Jim war damals auf seiner Höllenfahrt, *down and out*. Er konnte sich selbst nicht mehr helfen, geschweige denn jemand anderem. Woher wußte Stone, wo Jim zu finden war? Wer ist dieser Oliver Stone überhaupt, der so von Gewalt, Krieg und Sex fasziniert ist, daß er einen melodramatischen Film nach dem anderen darüber machen muß?

Diese Fragen kreisen in meinem Kopf, als ich Jims letzten Weg noch einmal gehe: vom »Rock 'n' Roll Circus« durch die Rue de Seine, am Quai entlang, an Notre Dame vorbei. Jetzt, gegen drei Uhr morgens, ist kaum noch Verkehr. Überall schlendern kleine Grüppchen mit lachenden Betrunkenen. Der Fluß liegt samtig schwarz und reflektiert die Lichter. Hier am Quai d'Anjou lag das Hotel »Lauzun«, das vor langer Zeit Baudelaires geschätzten Haschischklub beherbergte und auch von Jim in nostalgischer Erinnerung besucht wurde. Auf der Brücke zur Ile de St. Louis wird es ruhig. Kein Mensch mehr weit und breit. Fünf Kreuzungen, dann stehe ich vor der Haustür der Nr. 17, Rue Beautreillis. Eine uneinnehmbare Großbürgerfestung mit italienischer Concierge. Wer nicht hier wohnt, kommt nicht ins Haus. Zu viele Einbrüche, zu viele Überfälle.

Lizard King Morrison ist tot, weil die heilige Echse ihren Schamanen eingezogen hat, den, der seinen Stamm heilte, aber sich selbst zerstörte. Echsen sind seltene Totemtiere. Sie sitzen an der Grenze zwischen Leben und Tod, wo nur passiert, wer die Türen der Wahrnehmung öffnet und seine Augen im Hinterkopf zum Himmel richtet. Aber Schamanen sterben niemals. Niemals wirklich. Also lebt Jim?

In dieser Nacht träume ich, daß Oliver Stone mit einer riesigen Hand wedelt und sagt: *»I am Jim Morrison.«*

DAHEIM

REISE IN DEN MORGEN

Wir sind es gewöhnt, eine »ideale« Reisezeit zu wählen. Reisen wir, so sind wir meist wetterabhängig, um nicht zu sagen sonnenfixiert. Wenn jemand von Urlaub spricht, meint er oder sie meistens: Erholung an einem möglichst wundervollen Ort bei möglichst wundervoll sonnigem Wetter und mit Entdeckung interessanter Dinge, die man vorher noch nicht kannte.

Doch für die Reise, die ich beschreiben will, braucht man vielleicht nicht einmal ein Fortbewegungsmittel außer den Füßen. Sie beinhaltet Entdeckung der Stille und die Schönheit des Unberührten, egal wo immer. Meine Reise führt in die Nacht und aus der Nacht heraus in das Morgengrauen, das nur noch grau und nicht mehr grauenhaft ist.

Kein Wecker schrillt durch diese Schönheit. Kein Magenkrampf bereitet auf die baldige Arbeit vor.

Ich lebe an einem an sich sehr schönen Ort, in einem Bauernhof mit Freunden. An kalten, grauen Tagen sehnen wir uns, wie alle Menschen, nach Sonne und Wärme. Kaum scheint die Sonne, bereuen wir diesen Wunsch oft genug, weil Massen von Erholungssuchenden heuschreckenartig über die Gegend hereinfallen, überall ihre Abfälle hinwerfen, Hügelbeete mit Abgaswolken einnebeln, Katzen, Eichkätzchen und Rehe überfahren und am Ende nur Katzenjammer zurücklassen. Wenn ich die BesucherInnen so in der Sonne lehnen sehe, wenn ich sie lachend und lärmend wegfahren höre, wenn ich nachts von ihren Abschiedsarien aufwache und versucht bin, einen Eimer Wasser aus dem Fenster zu kippen, dann frage ich mich immer: Was wissen sie eigentlich wirklich von diesem Land? Wie nehmen sie es wahr? Was bleibt als Erinnerung? Benützen sie die Schönheit nicht wie ein abrufbares Bild, ohne sich um die Probleme und Sorgen zu kümmern, die in so einem Land entstehen? Und ich frage mich sofort: Was weiß ich von diesem Land? Wie erlebe ich es?

Aus einer dieser nächtlichen Überlegungen wurde der Plan, diese Landschaft zu einer ungewöhnlichen Zeit zu bereisen, um sie wirklich kennenzulernen. Um drei Uhr früh stand ich auf, schwang einen Rucksack auf die Schulter und klemmte eine Wolldecke unter den Arm. Ich wanderte vorbei an den grauen Mülltonnen (eine Woche grau für Kompostmüll, eine Woche grün für Wiederverwertungsmüll, so weit sind wir immerhin) und vorbei an den Bauernhöfen, in denen die ersten Lichter angingen. Stille. Um diese Zeit gehört die ganze Welt nur dir allein. Aus den Ställen hörst du das Scharren der Tiere, das Klirren der Eisenringe, an denen sie angebunden sind. Irgendwo kräht ein Hahn zum ersten Mal aus dem versperrten Hühnerhaus und einige Hühner gackern verschlafen hinterher. Mein Weg führte mich aus dem Dorf hinauf zum Wald.

Sonntags gehen Hunderte von Menschen diesen Weg. Unter den Bäumen auf dem Kreuzberg sagen alle »ah« und »oh«, setzen sich kurz hin und taumeln wieder hinunter, im Sauerstoffschock, schnell einen Auspuff her, damit der guten Luft nicht zuviel wird.

Vor Sonnenaufgang ist es hier wie in einer anderen Welt. Eine Stille wartet auf den ersten Ton, fragend, horchend. Leise gehe auch ich. Kein Wesen will ich stören. Hinein in den Wald, wo die Zweige knacken und irgendwo ein Tier flieht. Keine Angst – kein Mensch hält sich um diese Zeit im Wald auf. Füchse, Iltisse, Marder, streunende Katzen, Rehe, Hasen, der eine oder andere Hirsch, aber kein Mensch. Sogar der Förster ist um diese Zeit im Bett – selbst zur Jagdzeit, denn gegen vier Uhr früh fallen ihm langsam die Augen zu, und die Tiere kichern im Jungwald und wagen sich langsam wieder hervor.

Unter einer alten Eiche auf einer Waldlichtung lasse ich mich nieder. »Ja, du hast es gut«, sagen meine Freundinnen oft. »Lebst auf dem Land, so nah an der Natur.« Und doch waren meine frühesten und wichtigsten Erlebnisse mit der Natur eben um diese Zeit, noch vor Sonnenaufgang, in der Stadt – am Flußbett auf den Kieseln, ein kleines Feuer zum Wärmen, ein paar Stadtstreicher in der Nähe, wohltuende Sicherheit, und die Göttinnen über Steinen und Wasser, die sich murmelnd und wispernd mit mir unterhielten. Niemand hielt mich hier für verrückt. Um vier Uhr morgens kannst du sprechen und tanzen, mit wem du willst – wer jetzt noch oder wieder wach ist, wird dich vermutlich als seltsame Verbündete dieser Zeit betrachten und dich lächelnd gewähren lassen.

Zurück zu meiner Lichtung: Keine vierzig Minuten von der Großstadt entfernt, findet diese unendlich tiefe Ruhe mich. Ich beobachte, wie sich die Welt langsam aus kleinen grauen, tanzenden Pünktchen wieder zusammensetzt, wie Konturen, scheinbar fest wie eh und je, aber in Wirklichkeit fließend und weich, erscheinen. Ich höre das Fallen der Blätter – so gar nicht leise. Hast du je gehört, wieviele Töne ein fallendes Blatt begleiten?

Der Himmel wird heller, wie zur Belohnung für die Reisende in die Stille der Nacht ist das Wetter am allerfrühesten Morgen oft wunderschön, auch wenn es später umschlägt. Wärme zieht Feuchtigkeit aus dem Boden, und überall zwischen den dunklen Bäumen ziehen Nebelschleier auf. Der frühe Morgen ist ein einziges Tanzen und Wirbeln zur Musik der Stille. Es ist hell genug, um die Wassertropfen in den Frauenmantelblättern schillern zu sehen. Ich pflücke ein paar, trinke den Tau und esse die Blätter. Falle in meine eigene Stille. Wie selten halten wir es aus, mit uns selbst allein zu sein, ohne etwas zu tun. Einfach da sein, schauen, Empfindungen wahrnehmen, Schönheit sehen und nichts aufschreiben, nichts erzählen, keine Fotos machen. Zwei Stunden, drei Stunden einfach sitzen. Es geht um nichts. Nirgendwo ankommen. Von nirgendwo eine Postkarte schreiben. Ich bin schon da, wo ich sein will. Da wo ich halt bin. Wie langweilig. Ja, es passiert wirklich gar nichts hier. Das Licht wird heller. Die Sonne kommt. Tau beginnt zu glitzern und kleine Regenbogenpünktchen zu zeigen. Vögel zwitschern.

Es ist wie eine Reise in die Kindheit. Wann war ich je so still, daß ich zusehen und zuhören konnte, wo nichts Großes oder Wichtiges oder Bedrängendes sich ereignet? Ich bin nicht einmal im Urlaub. In zwei Stunden werde ich arbeiten. Aber jetzt bin ich weit weg von dem, was mich täglich fordert – und ganz nah dran. So sehr genieße ich die Stille, daß ich nicht einmal singen mag.

Dieses aufdringliche Betüdeln der Landschaft, das jetzt so modern geworden ist! Das verlogene Sich-Verbünden! Ach ja, die Natur und ich sind ja so eins! Stimmt überhaupt nicht.

Während ich hier sitze und dem Beginn eines Tages zusehe, stehen die Bäume in unendlicher Ruhe und Geduld, wie sie immer stehen. Ich werde weggehen, sie aber bleiben, wie schon vor zehn, zwanzig, achtzig Jahren. Ich höre sie wispern, knistern. Fünftausend Kleintierarten beherbergt so ein alter Baum ungefähr. Ich schau hin, sehe Bewegung. Eine Ameise, einen Käfer.

Wenn wir die Natur schützen wollen, meinen wir meistens die Art von Natur, die wir noch haben wollen. Noch brauchen. Nicht die, die uns eh wurscht ist. Da schauen wir gar nicht zweimal hin. Wir sind ja so gestreßt und so wichtig. Wir haben ja so bedeutende Sachen zu sagen. Sind wir nicht die Krone der Schöpfung! Aber wenn wir von der Erde verschwinden, ist es für die Natur nicht problematisch – verschwindet allerdings die Ameise, dann verschwindet ein ganzes Ökosystem. Soviel Schönheit ohne Zweck. Nirgendwo mußt du Geld einwerfen. Du mußt nichts bestellen, du wirst nicht vertrieben. Alles ist einfach da. Wundervoll.

Ich fühle mich so überflüssig wie schon lange nicht mehr. Meine Unruhe wirkt sich störend auf die Umgebung aus.

Ich mache mich Brot kauend auf den Rückweg. An meinem Sitzplatz habe ich Äpfel und Nüsse hinterlegt für die Tiere.
Das Müllauto überholt mich mit aufgeblendeten Scheinwerfern. Die Müllmänner, denen nichts zu stinkig, zu widerlich, zu dreckig, zu hoffnungslos ist, beseitigen noch zu früher Stunde die Reste des täglichen Lebens, an das offensichtlich niemand erinnert werden will. Weg damit – haben wir wirklich so viel Müll? Du lieber Himmel. Unterwegs habe ich aus dem Wald Abfälle mitgenommen und sie in zwei leere Plastiktüten gestopft, die ich zu diesem Zweck beim Spazierengehen stets dabeihabe. Ich tauche in das nächste Waldstücklein ein und begegne Fendtn Zenzl, der alten Frau, die seit vierzig Jahren oder noch länger mit einem Pferdefuhrwerk Holz aus dem Wald holt, aus dem Sumpf, da

wo auch der schnittigste Allradwagen nicht mehr hinkommt. Vor dem Krämerladen stehen sie, Offroad-Schlitten. 500 Meter auf der Teerstraße zum Laden und zurück – mehr bringen die auch nicht.

Unsere Nachbarin hinkt mit ihren Kühen hinaus auf die Wiese. Sie hat nur noch sechs Kühe. Auf die letzte stützt sie sich schwer. Sie melkt alle mit der Hand. Sie hat noch nie ein Gramm Gift oder Dünger auf ihre Wiesen und Felder gestreut, alles besorgt sie allein. Jetzt bleibt sie stehen, wischt sich mit dem Arm über die Stirn, lächelt. Die Kuh bleibt auch stehen und wartet. Ich weiß, wenn die Kühe draußen gut versorgt sind, geht sie heim, setzt sich an den Tisch, trinkt ihren Kaffee und freut sich des Lebens.

Ich bin glücklich. Der Tag fängt gut an.

DER WALD SCHWEIGT NICHT MEHR – ER GEHT

Beobachtungen in einem deutschen Wald

Aah, so ein Waldspaziergang! Der gute Geruch nach Diesel, der von den Baumsägen ausströmt! Die wundervolle Luft voller Pestizide! Dieser Anblick von hohen Stangen, die ganz oben ein kleines Büschel Zweige und Nadeln haben. Kerzengerade gewachsen! Eine Freude für die Waldarbeiter: einfach hintreten, warten, bis der Baum langsam ächzend fällt, die Rinde abschaben, die ohnehin schon in Fetzen herunterhängt. Wipfel abhacken und in Stücke schneiden. Fertig ist das Streichholz. Und wie schön hell es jetzt immer im Wald ist. Kein Mensch muß sich mehr fürchten. Die Bäume stehen in übersichtlichen Reihen, von Wegen zu Vierecken zusammengescheucht. Nirgendwo stört ein krummer, verwachsener Laubbaum. Man kann heute problemlos kreuz und quer durch so einen Staatsforst laufen, da wird einem kein Hindernis begegnen, kein blöder Vogel stört mit seinem Reviergekreische das ruhebedürftige Gehör, keine räuberischen Wölfe und Bären lauern hinter undurchschaubarem Dickicht. Damit ist ein für allemal Schluß.

52 Prozent aller deutschen Bäume sterben. Nieder mit dem deutschen Wald! Freie Sicht auf die Landesgrenzen!

Ich war wirklich ein hinterwäldlerisches Kind. Wenn wir nicht auf Berge stiegen, so gingen wir in den Ebersberger Forst, tief hinein, wo wir dann auf einer Lichtung mitgebrachte Fleischpflanzerl, Kartoffelsalat und Vanillepudding aus Marmeladengläsern aßen. Einmal war ich vorausgelaufen und stand plötzlich vor einer Wildsau, die genauso verstört war wie ich. Wir starrten uns an und flüchteten in verschiedene Richtungen. Im Sommer stand ich um vier Uhr in der Früh auf und fuhr mit meiner

Oma mit dem Fahrrad in den Wald zum Schwammerlsuchen. Ende Juni blähten sich die Nasenflügel, um den ersten Duft von Walderdbeeren zu erhaschen. Hatten meine Schwester und ich zuhause Zoff, schwangen wir uns aufs Fahrrad und rasten durch den Wald zum Kletterbaum, wo wir uns trotzend auf den höchstmöglichen Ast zurückzogen und die endgültige Abreise nach Amerika planten. Wir stöberten die Wohnanlage der Dachse auf und warteten stundenlang auf das Auftauchen der Bewohner aus irgendeinem der vielen Löcher.

Manchmal machten wir am Sonntag einen Ausflug zum »Aussichtsturm« am Ebersberger Forst. Man mag ihn für ein scheußliches Betonbauwerk der Nazis halten. Für mich war er die einzige Möglichkeit, eine Ahnung der fernen Stadt, Minga genannt, München geschrieben, zu erspüren. Damals konnte man die Stadt noch nicht an der Smogwolke erkennen. Die Phantasie mußte schon ganz schön arbeiten, daß eine Vorstellung dabei herauskam. Zwischen mir und der Welt stand der Wald. Zuflucht und Spielraum, Schutz, Trost, Schrecken. Jahrelang spielten wir ein Spiel, das »Schneider Lammatscha« hieß und darin bestand, daß die Mitspielenden von Baum zu Baum rennen mußten und dabei vom Fänger nicht erwischt werden durften. Wie alt mußte ich werden, bis ich begriff, daß aus unerfindlichem Grund das Spiel »Schneider leih mir deine Schere« hieß.

An Ostern holten wir Moospolster und legten die Osternester damit aus. Ich sehe manchmal sogar heute noch bei Waldspaziergängen die Vision von buntglitzernden Ostereiern hinter Bäumen und Büschen, die meine Mutter früher vor Osterspaziergängen verteilt hatte. Der Wald war ein einziges Wunder! In kleinen Feenlöchern konnten wir Wünsche deponieren. Im dichten Unterholz lebte »ein grausiger alter Mann, der Kinder fängt«. Wir rauchten »Judenstrick« und hatten verschiedene Erdverstecke für geheime Schätze. Unergründlich tief, dunkel, geheimnisvoll erschien mir der Wald. Plötzlich gab er irgendwo eine Lichtung frei, wo ein schwarzer Moorweiher in der Sonne matt schimmerte, gelbe Lilien und weiße Seerosen blitzten zu uns herüber. Es gab Kröten und Springfrösche und hohe Ameisenhaufen, vor denen wir hockten und fasziniert das scheinbar sinnlose Treiben beobachteten, bis uns die Ameisen an den Beinen hochkrabbelten. Vom Apotheker, dem Vater meiner besten Freundin, bekamen wir fünf Pfennige für jeden gefangenen Blutegel. Wir liefen barfuß hinauf zum Weiher im Wald, stellten uns ins morastige Wasser, bis sich ein paar Blutegel festgesaugt hatten. Dann liefen wir zurück und ließen uns die blutigen Biester mit Salz ablösen. Dafür gabs Brausestangen und Dubblebubble. Im Sommer gingen wir zum Himbeerschlag, wo Kreuzottern, Feldmäuse, Ringelnattern und Hummeln wohnten. Wir pflückten Himbeeren und verkauften sie ans Obstgeschäft. Das ergab – heimlich, weil wir keinen »Schund« lesen durften – ein Mickymaus-Heft.

Die Wälder meiner Kindheit sind vermutlich nicht so tief, dunkel und labyrinthisch gewesen, wie ich sie in Erinnerung habe. Aber so licht, wie sie heute sind, können sie unmöglich gewesen sein. Wie ein krätziger, räudiger Pelz zieht sich der bräunlich/grüne Wald zwischen flurbereinigten Feldern und Wiesen dahin, um vor einem Plastikplanenfeld depressiv abzubröckeln.

Wenn ich heute durch den Wald gehe, sehe ich Bierdosen, teils mit lesbarer Schrift, teils total verrostet. Die netten blauen emaillierten Eimer, die in den sechziger Jahren zusammen mit Matratzenfedern vor sich hinrosteten, sind alten Kühlschränken, Autoteilen, Plastiktüten (»Kalifeldspat«, »Nitrat«, »Phosphat«), ausgelaufenen Batterien und Ölfässern gewichen. Für einen Henkeltopf zwischen Farnen muß man heute schon dankbar sein. Waldarbeiter lassen die Verpackung ihrer Sägeblätter zurück, Liebespaare ihre aphrodisischen Brotzeitreste und -tüten, Besoffene ihre Flaschen und Büchsen, Jäger ihre verschossenen Patronen und gelegentlich ein Pornoheft.

Der Wald würgt. Gelbe Fichtenspitzen wanken im Wind. Keine Spur mehr von den leckeren Tannenspitzen, die ich mit der Tante Anni sammelte (»Niemand was sagen, gell Mäusi, das ist nämlich unser Geheimnis«) und von denen ich heute weiß, daß sie ein bißchen halluzinogen sind…

Die dürren Äste ächzen im Wind, das Schweigen im Walde hat sich in ein Todesstöhnen verwandelt. Verzweifelt schaben die Äste aneinander, lautlose Schreie fliegen als Klangwolken, die niemand hört, durch den Smog. Kohlenmonoxyd, Kohlendioxyd, Stickoxyde, Schwefeldioxyd, Halogenwasserstoffe, Ruß, Staub, Benzol, Blei, Cadmium, Formaldehyd, Lösungsmittel, Salzsäure, salpetrige Säure, Ozon, Lindan halten den Wald im Würgegriff. Holzschutz und Pflanzenschutz bekommen in diesem Zusammenhang den ungemütlichen Beigeschmack aller deutschen Schutz-Begriffe (Datenschutz, Staatsschutz, Schutz-Staffel...).

Vergeblich suchen wir heute nach Arnika, Blasenfarn, Drachenwurz, Frauenschuh, die Katzen müssen weit pirschen, bis sie mit ihrer Katzenminze auf Trip gehen können. Lungenkraut, Miere, Mondraute – wo sind sie geblieben? Wo wächst noch die Nieswurz, mit der sich Zwerg Nase so wundersam verwandelte? Mit Mühe finden wir noch Schachtelhalm für Blase und Niere und zum desinfizierenden Hausputz. Nichts läßt übrigens die Gläser schöner glänzen als ein Sud vom Wald- und Sumpfschachtelhalm! Sommerwurz, Sonnentau, Steinbrech, Spitzklette und Weißtanne – sie alle sind schön langsam und gänzlich unbemerkt aus dem Wald verschwunden. Wer findet heute noch Leberblümchen? Und sie sind wirklich eine wunderbare Frühjahrskur für die Leber. Genau wie der Bärlauch, der nur auf ungedüngten Waldrandböden gedeiht. Wo gibts noch die fett-gelben Trollblumen? Wer kennt noch den hustenlindernden, bronchialreinigenden Isop?

Hand aufs Herz: wann haben Sie zuletzt einen Habicht, eine Bachforelle, einen Fischreiher oder gar einen Kormoran gesehen? Im Fernsehen gilt nicht! Wie stehts mit Rebhuhn, Wachtel, Uhu, Äskulapnatter, Feuerfalter, Ochsenauge? Wissen Sie, was ein Mondhornkäfer (wir nannten ihn »Scheißrollkäfer«) ist? Haben Sie schon mal das Kleid der Libelle gesehen oder den Todeskampf der jungen Libelle, wenn sie sich daraus befreit? Wissen Ihre Kinder, wie Froschlaich ausschaut? Haben Sie schon mal Bachfische mit der Hand gefangen?

»Niemand hat ein Recht drauf, daß eine unberührte Landschaft so bleibt, wie sie war«, meinte der Verwaltungsgerichtspräsident im Juni 1990 in seiner Urteilsbegründung gegen eine Autobahnklage.

Dabei hatte alles so gut angefangen: Wald und Mensch waren sich in der Frühzeit offenbar grün. Der Wald nahm das ganze Land ein, war wild und dicht, unkontrollierbar. Der Mensch hatte sich noch nicht so stark vermehrt, daß er der Natur zum Problem werden konnte. Im Wald wurde gejagt, gesammelt, getanzt und gesungen. Die bedrohliche Natur wurde durch Rituale und Opfer beschwichtigt. Schon vor etwa 30.000 Jahren legten die Menschen Kultplätze an, denen sie geschnitzte Figürchen opferten. Ehe der architektonische Monumentalwahn ausbrach, verehrten die Menschen Geister und Götter in Hainen. Die kleinasiatische Asherat wurde ebenso in einem Hain gefeiert wie die römische Diana oder die keltische Brigid. Auch der heilige Platz der westafrikanischen Oshun, der Fluß- und Baumgöttin, ist ein Hain an einem Fluß. Die Freya der Germanen hauste im Wald und Artio, die keltische Bärengöttin auch.

Im Zentrum schamanischer Ausbildung stand in allen nordischen Kulturen der Weltenbaum als Geburtsort der späteren SchamanInnen. Der Weltenbaum der »Edda«, die Esche Yggdrasil, verband die Welt der Lebenden mit der Ober- und der Unterwelt, mit Göttern und Geistern. Auch die jüdische Kabbala stellt einen Baum, den Lebensbaum, dar. Wer in den Himmel will, mußte stets und überall einen Baum erklimmen. Die Maibäume in Bayern sind ein Überbleibsel dieser mythischen Vorstellung und die Zauberstäbe der Zauberer und Magierinnen ebenso: der Baum, der Mast, der Stecken reicht von der Tiefe der Unterwelt über die mittlere, also unsere Welt, hinauf zu GöttInnen und Ahnengeistern. Die Schicksalsgöttinnen der Germanen, die drei Nornen, saßen im Wald und spannen den Lebensfaden. Seherinnen konnten bei der Geburt eines Kindes erkennen, wie lang der Faden und wie vielfältig das Leben sein würde. Nach anderen germanischen Vorstellungen kamen die neugeborenen Kinder aus dem Baum. Auch in den Dolomiten sind »Holzleute«, halb Baum, halb Mensch überliefert.

Die Kelten teilten ihr Mondjahr nach Bäumen ein: der Frühlingsbaum war die *Birke*. Sie besaß die Kraft, böse Geister zu bannen. Auf die Birke folgte die *Eberesche*. Bei Orakeln wurden die Dämonen symbolisch mit Ebereschenzweigen geschlagen, um der Antwort ein wenig nachzuhelfen. Die *Esche* war der Baum der Rechtssprechung und galt als magischer, aber auch zerstörerischer Baum. In ihrem Schatten verdarb das Korn und ihre Wurzeln saugen übermäßig Wasser an. Die *Erle* gibt eine gute Holzkohle, brennt aber nicht so gut, denn sie ist eine Verbündete des Wassers. Die frühgeschichtlichen Pfahlbauten standen auf Erlenholz. Grüne Erlenzweige gaben gute Pfeifen, da sie aber mit Weiden bearbeitet wurden und die Weiden »Hexenbäume« waren, blies auf jedem Pfeifchen die Hexe mit. Die *Weide* war zugleich auch der Mond-Baum. Sie ist der griechischen Hekate, aber auch der weißen Frau im Alpenraum gewidmet, die auch »Salige« von Salix/Weide heißt. In England bestand ein guter Hexenbesen aus einem Eschenstiel, Birkenzweigen und Weidenruten. Auf die Weide folgt der *Weißdorn*, der Göttin Macha gewidmet. Mit dem Weißdorn konnte man bösen Zauber bannen und die Kraft des »kleinen Volkes«, der Elfen und Zwerge rufen. Die *Eiche* mit tiefen Wurzeln und hartem Holz ist nicht nur der Lieblingsbaum aller Schweine – früher trieben die Kinder die Schweine zum Eichelfressen in den Wald hinaus – sondern auch das Heiligtum der keltischen PriesterInnen. Das ursprüngliche Wort »duir« für Eiche hat sich in unserer Tür noch verewigt. Die Eiche gilt als Schwellen-Baum, als Übertritt in die Welt der Götter und Göttinnen, der Geister und Dämonen.

Ilex oder Stechpalme begann den zweiten Teil des keltischen Jahres nach Lammas, dem Schnitterfest. Ilex ist den Furien heilig und wird als Rächer-Baum verehrt. Der *Haselstrauch* folgt im keltischen Mondjahr auf Ilex und ist der Weißen Göttin, der Großen Mutter, der Großen Göttin heilig. Die Zaubernuß, die Hasel, löst Rätsel, bewirkt Verwandlung, und der Haselstecken ist zugleich auch der Zauberstab aller Hexen. Mit einem Haselzweig können alle Türen magisch verschlossen und geöffnet werden. Haselzweige werden auch heute noch gelegentlich als Ruten für Wünschelrutengänger benutzt. Die *Weinrebe* zeigte den Beginn der Ernte an. Die Göttin Demeter wird als Göttin der Fülle und der Ernte gefeiert. Heute leiht sie biologischen Produkten ihren Namen. *Efeu* läßt die Zeit der Dunkelheit und des Todes ein. In England bekam einen Kranz aus Efeu auf den Kopf, wer den letzten Erntewagen einfuhr. Der spiralig wachsende Efeu symbolisierte die Spirale des Lebens und des Todes. Das *Schilfrohr* folgte auf den Efeu. Mit ihm kamen Halloween, das Neujahr der Hexen und der Winter. Der Gesang der Schilfrohre im Wind galt als Todesvorbote. Der letzte Baum, der *Holunder* war der Baum der Ahnen und Ahninnen. Im englischen heißt er Elder-Tree, Ahnenbaum. Seine Früchte heilten Fieber, die Blüten ergaben einen süffigen Wein, und es hieß, wer Holunderbäume fällt, fordere sein Schicksal heraus. Noch heute gibt es kein besseres fiebersenkendes Mittel als heißen Holundersaft.

In der germanischen Mythologie erzählt eine Geschichte von Göttern, die am Strand zwei Baumstämme fanden: eine Ulme und eine Esche. Sie hauchten den Stämmen Leben ein, Geist, Sprache, Blut und machten sie zu den Stamm-Eltern der Menschen. Und tatsächlich verdanken wir den Bäumen mehr, als wir ahnen: die ersten Schriftzeichen verdanken wir Bäumen: die Buch-Staben (Buchenstäbe), Bücher sowieso. Aus guten Bäumen werden schleche Bücher, Taschentücher, Watte, Möbel, Hefte, Türen und Fenster, Regale, Häuser. Aus Urwaldriesen werden japanische Holzkästchen, Griffe für Schuhlöffel, Holzverkleidung für Konferenzsäle. Aus starken Bäumen werden Kultfiguren, heilige Trommeln, Nahrungsschalen. Manche Leute bestehen sogar auf einem Teakholzbrett vor dem Kopf.

Bei den afrikanischen Yoruba sind die Bäume die Gefährten der Menschen. In den Heiligen Hainen werden geschnitzte Figuren der GöttInnen aufgestellt, die dort beopfert und verehrt werden.

Der Baobab gilt überall in Westafrika als Schwelle vor einem Dorf. Fremde warten unter dem Baobab, bis den Dorfältesten der Besuch angekündigt wurde und sie die Fremden in ihr Versammlungshaus bitten.

Wo heute die Dörfer der berühmten Dogon an der Falaise in Mali/Westafrika kleben, lebten einst die Tellem. Sie bauten ihre Wohnungen wie Bienenstöcke in die Felswand, mit Pflanzenfasern flochten sie lange Seile, an denen sie sich in den damaligen Dschungel herunterließen, denn vor etwa tausend Jahren war die Hombori-Ebene noch mit dichtem Regenwald bewachsen. Die Tellem, ein Pygmäenvolk, die Vorfahren der heutigen wenigen noch existierenden Pygmäen, galten als unbezwinglich. Sie ließen sich im Morgengrauen an ihren Seilen herunter in den dichten Urwald, sammelten die Baumfrüchte (sie aßen kein Fleisch und jagten nicht, was bis heute so geblieben ist) und zogen sich wieder zurück in ihre Fels-Nester. Sie zogen ihre Seile hoch, und kein Tier, kein Mensch konnte sie erreichen. Die Tellem scheiterten allerdings an den Dogon, die ein Holzfällervolk waren und den Tellem den Wald vor der Nase wegholzten. Die Tellem gingen auf Wanderschaft und landeten im heutigen Gabun, wo sie ihre gewohnten Lebensbedingungen vorfanden.

Die Entwicklung des Patriarchats und der Gebietskriege war der erste Feind des Waldes. Schon etwa tausend Jahre vor unserer Zeitrechnung wurden Wälder abgeholzt, um Kriegsschiffe zu bauen. Schlimmer wurde es durch die Gründung der Kirche und die darauffolgenden Kreuzzüge. Die Massaker im Namen des Vatergottes verschlangen die Wälder Siziliens, Maltas, vieler griechischer Inseln und Süditaliens. Was übrig blieb, wurde für Dombauten abgeholzt. Allein für den Münchner Frauendom fielen die Wälder rechts und links der Isar und wurden auf Flößen nach München befördert.

Das Image des Waldes litt in der Zeit der Inquisition ganz besonders. Zum einen kamen die verteufelten »heidnischen Götter und Göttinnen« aus dem Wald. Zum anderen war der Wald, wie alle mutmaßten, Zufluchts- und Wirkungsstätte böser Hexen. Verzauberte nicht die alte Baba Jaga, die Großmutter-Göttin des alten Europa die Menschen im Dickicht ihrer unheimlichen Wälder? Wurden ihr nicht die letzten Getreidegaben als »Babuschka« oder »Kornmuhme« geopfert? Hatte sie nicht ein Haus, umgeben von einem Zaun aus Menschenknochen? Ihr Licht holte sie aus einem Menschenschädel! Und des Morgens setzte sie sich in ihren Mörser und fuhr hinauf in die Luft, um ihren heidnischen Taten nachzugehen. Hexen, Zauberinnen, Gänse-Göttinnen wie die nordische Akka, deren Versammlungsorte später Aka-Demien hießen, hausten in den Wäldern. Zaubermännchen stellten Reisende vor schier unlösbare Aufgaben, und der »Schatzhauser« vom Tannenwald konnte einen reich machen, wenn man ihn richtig rief. Doch versteinerte er auch das Herz, und wer nicht aus schierer Güte und Liebe bestand, der war ihm ganz verfallen, wie wir aus dem Märchen »Das kalte Herz« von Hauff wissen. Viele Märchen und Sagen ranken sich um den deutschen Wald. Dort fließen die Zauberbrünnlein, dort tanzen die Nymphen an den frischen Waldquellen, die Zwerge gehen ihrer Arbeit im Tiefen Tann nach, und Tau-Elfen tanzen im funkelnden Feuer der ersten Sonnenstrahlen – aber wehe dem Verirrten, wenn die Truden kamen. Diese wilden Weiber aus dem hintersten Wald, dort wo sich Fuchs und Has' guten Morgen wünschen und wo die Geheimnisse der Glaskunst unter Rübezahls Hintern verwahrt sind; die Truden hupfen auf die Brust und drücken, bis einem im Schlaf die Ohren sausen und die Luft wegbleibt. Gegen das Trud-

Drucken hilft nur: ein Messer in jeden Eckpfosten des Bettes stecken oder ein Gatter aus Neun-Holz bauen. Neun Hölzer – gibts überhaupt noch so viele? wird da mancher fragen. Doch. Neulich mußte meine Tochter für die Schule zehn Blätter von Bäumen pressen und beschreiben. Wir haben sie gefunden: Birke, Buche, Eiche, Esche, Erle, Hasel, Weide, Holunder, Ahorn, und schließlich noch den Nußbaum. Im Neunholz braucht es auf jeden Fall Holunder, Eiche und Hasel. Sonst wirkt so ein »Schrattl-Gatterl« nicht. Ausgerechnet die Nazis, die sich vor lauter Germanen-Verehrung und heiligen Eichen und Sonnwendfeiern schier überschlugen, gaben dem deutschen Wald mit ihren technologischen Entwicklungen den Rest. Als Hitler die erste deutsche Autobahn baute, setzte er den Grundstein für die größte Gaskammer aller Zeiten. Denn der größte und vermutlich letzte Feind des Waldes ist der massenhafte Autoverkehr. Die Abgase drehen dem Wald langsam aber sicher die Luft ab, auch wenn heute vom Waldsterben keine Rede mehr ist. Man spricht von »neuartigen Waldschäden« (Landwirtschaftsministerium). Der verstorbene Ex-Ministerpräsident von Bayern, Strauß, meinte noch, der Wald »wird sich daran (an die Umweltschäden) gewöhnen müssen«. Nach so einem starken Spruch hätte er vielleicht nicht unbedingt auf die Jagd gehen sollen. Überhaupt flüchten die Wissenschaftler, die sonst so geschwollen daherreden, anhand der wirklich verzweifelten Situation des Waldes gern in romantische Kraftsprüche: »Die Natur schlägt zurück«, »An diesen Schäden ist die Natur selbst schuld«, »Die Natur rächt sich«. So lauteten die Reaktionen auf den ersten deutschen Hurrikan im Frühjahr letzten Jahres. Bitte sehr, wenn die Natur so unvernünftig ist, muß sie halt selber schauen, wo sie bleibt! Die einzige Lösung für das Waldproblem: alle Rehe und Hirsche abknallen. Die Endlösung auch für den Wald? Noch eleganter hat sich die Bayerische Staatsregierung beim letzten Jahreswechsel aus der Affäre gezogen: ein Junge hat am Herzogstand anläßlich des bevorstehenden Silvesterfestes ein paar Knallfrösche geworfen, die prompt den ganzen Wald in Brand setzten. Beim größten Brand Oberbayerns wurde fast der gesamte Waldbestand am unteren Herzogstand vernichtet. Wer war schuld? Der Junge natürlich. Nicht die Industrie, die Dreck hinausschleudert, daß es nur so raucht und stinkt, nicht die Autolobby und jeder einzelne Autofahrer, der mit jeder Autofahrt dem Wald einen weiteren Todesstoß versetzt. Nicht die Regierung, die es versäumt, entsprechende Gesetze zur Erhaltung der einzigen lebensnotwendigen Substanzen: Luft, Wasser und Nahrung zu erlassen. Nein. Alle unschuldig. Der vierzehnjährige Junge mit seinen Schweizer Krachern wurde gnadenlos in die Geschichte der großen Zerstörer genagelt. »Es bestand zu keiner Zeit irgendeine Gefahr und, um es gleich vorwegzunehmen, es wird auch zu keiner Zeit jemals Gefahr bestehen. Heiliger St. Leonhard, segne unsere Autos und erteile den Autofahrern die Generalabsolution. Amen!

Beim Bau der Autobahn München-Garmisch wurde das größte Feuchtbiotop Deutschlands zerstört, eine urtümliche Moor- und Filzlandschaft, die noch Orchideen und Millionen von Kleinlebewesen beherbergt hat. Der einzige, der sich über den Bau gefreut haben mag, war nach Aussage der Fendtn Zenzl, einer alten Holzarbeiterin, die noch Jahr und Tag mit ihren beiden Rössern Holz aus den unwegsamen Waldgebieten herauszieht, wo die Autos »wegen der Nässe nicht hinkommen«, ein alter Karpfen. »Der war in einem Wasserloch eingsperrt und hat nimmer raus können, so fett ist der mit der Zeit worden. Z'fressen hat er ja ghabt, aber Bewegung halt net und des is immer schlecht«, meint sie. An Bewegung fehlt es ihr nicht. Schon gar nicht seit dem Sturm. »Da is ein junger Bursch im Wald dring'steckt mit seinem Auto«, erzählt sie grinsend. »Der hat hoit sein Rausch ausgschlaffa. Wia er aufgwacht ist, haben ihn vier Bäum genau einkastelt.«

Von den alten Wald-Traditionen ist wenig übriggeblieben. Einen der letzten deutschen Köhler habe ich im Ebersberger Forst, in der Nähe des Forsthauses Diana gefunden. Er hat das Handwerk von seinem Vater gelernt. Als der Vater aufhörte, mußte er einen neuen Standplatz für seine Meiler finden. Er arbeitet nur im Sommer, und wenn ihn dann jemand besucht, schenkt er Limo oder Bier aus und erzählt etwas vom Köhlerhandwerk. Immer wieder kommen Leute, die von ihm billige Holzkohle zum Grillen haben wollen. »Aber da geht nix«, sagt Martin Perfler. »Ich werd mein Sach' auch so los.« Wie lange er seine Köhlerei mit den neuen Umweltschutzbestimmungen noch betreiben kann, ist allerdings ungewiß.

Die Waldquellen im Alpenvorland hatten bis vor wenigen Jahren noch das reinste Wasser. Sie entspringen meist tief im Waldboden, oft gespeist von den Toteis-Seen im Endmoränengebiet. Heute sind selbst tiefe Quellen schon mit Pestiziden und Nitraten, manche sogar mit Lindan verseucht. In verschiedenen Voralpen-Gemeinden wie z.B. Hohentann mußten Quellen amtlich versiegelt werden. »Das dauert zwanzig Jahre, bis man die wieder brauchen kann«, ist der Kommentar des Wasserwirtschaftsamts. »Und dann auch nur, wenn die Belastung durch Land- und Forstwirtschaftsgifte nachläßt.« Auch für die Brunnen im Raum Bad Tölz/Wolfratshausen »wirds im Frühjahr kritisch«. Luft kaputt, Wasser schlecht, Wald tot? Das Landwirtschaftsministerium wiegelt ab. »Nur 16 Prozent der Bäume wiesen 1989 mehr als 25 Prozent Laub- oder Nadelverluste auf!« beruhigt Minister Kiechle das deutsche Volk. Die Bäume, die vorher schon gefällt und aus dem Verkehr gezogen wurden, sind dabei allerdings nicht mitgerechnet. Augenwischerei, um dem »Waldkiller Nr. 1« laut Naturschutzring, dem privaten Autoverkehr, der Autofahrerlobby nicht auf den Schlips zu treten?

Waldarbeiter Martin zeigt mir die Anfangsstadien der Baumschäden: Vergilbung der Nadelspitzen bei Nadelbäumen, Braunfärbung der Buchenblätter, Infizierung mit Hallimasch-Pilzen, Nadelverfärbung durch Ozoneinwirkung, Nadelverfärbung durch Mangan/Eisenmangel, Verfärbung nach akuter Fluorwasserstoff-Einwirkung (FCKW), Pilzinfektion durch Nährstoffmangel und so weiter und so fort. Wir müssen nicht weit laufen, jeder zweite, dritte Baum ist befallen. Mit geschärftem Auge wird der deutsche Wald, der so viele Dichter und Liebespaare beflügelte, zum Horrorkabinett.

Wie lange wird es den Eibenhain bei Pähl im Landkreis Schongau noch geben? Wie lange kann sich der legendäre Spessart noch halten? Schon meine Tochter weiß nicht, was Pfaffenkäppchen sind, wie Bilsenkraut ausschaut oder wie gut Vogelbeeren die Marmelade gelieren lassen. Auf einem Waldspaziergang, als sie noch klein war, zog sie einen Stock hinter sich her und sagte kein Wort. Als wir aus dem Wald herauskamen und die Straße sahen, strahlte sie: »Auto.«

Nach dem Waldrundgang mit Martin beschließe ich, eine Nacht im Wald zu verbringen. Ich will mit den Bäumen wieder ins Gespräch kommen. Mir ist ungemütlich. Ich gehöre zu den Zerstörern der Wälder.

Noch fahre ich ein Auto, weil es nach 19 Uhr abends kein öffentliches Verkehrsmittel zu dem Dorf gibt, in dem ich lebe. Die Dunkelheit sickert zwischen den Baumstämmen durch. Der Waldboden verschwindet in der Nacht, hoch ragen die Stämme um mich herum auf. Die Laubbäume krümmen sich drohend in meine Richtung. Ich versuche, mich zu verteidigen: ich esse kein Fleisch. Paßt hier nicht. Ich trenne den Müll! Ich konsumiere kaum. Ich fahre nicht schneller als 100 Stundenkilometer (auch mit Katalysator schleudert jedes Auto ab 100 km/h giftige Gase aus, je schneller je mehr, meine Herren BMW-Raser). Schweigen umgibt mich. Wie spricht man mit Bäumen?

Für Bäume sind wir so hastig wie, sagen wir mal, Mücken für uns Menschen. Wir summen und brummen hektisch herum und ab und zu versucht schon einmal ein Baum umzufallen, was aber nicht immer gelingt, genau wie wir die Mücken nicht immer treffen, denn wir Menschen sehen den Baum so langsam fallen, daß wir meistens ausweichen können. Die Voraussetzung für eine gemütliche Unterhaltung ist die gemeinsame Sprache aller Wesen, das Schweigen. Das ist ziemlich unangenehm. Sobald Ruhe einkehrt, wird das Stöhnen und Klagen der Bäume hörbar. Fast unmerklich zuerst, dann immer lauter knistern die sterbenden Blätter, die dürren Äste krächzen, ein feines hohes Sirren durchzieht die Luft, mit einem hohen Fiepen scheuern Äste gegeneinander und helfen sich über die Erstickungsanfälle hinweg. Wo ist der Gesang geblieben? Was?? Gesang. Wo ist der Gesang. Welchen Gesang meinen die Bäume? Ist früher mehr gesungen worden? Ja, sicher. Die Menschen haben in den Wäldern große Feste gefeiert. Tänze, Freßgelage, Minnegesänge. Warum kommen die Menschen nicht mehr zu den Bäumen? Hassen die Menschen die Bäume? Warum wollen sie sie vernichten? Äh, ich glaube nicht, daß die Menschen wirklich die Bäume vernichten wollen. Sie haben Angst vor dem Wald, vor den Zecken, vor verstrahlten Waldböden, vor Käfern, Würmen, Spinnen... Es klingt irgendwie komisch, wenn ein Baum lacht. Ich fange ein wenig unsicher zu singen an. Es knackst im Unterholz. Das Herz will mir schier stehenbleiben. Ich bin zwar in gut neun Jahren nächtlicher Wald-Wanderungen noch nie einem Mann begegnet, trotzdem löst jedes Geräusch Schrecken aus. Nochmal. Was soll ich singen. Ich erinnere mich eines Jodlers, den mir meine Mutter beigebracht hat. Bilde ich mir das jetzt ein, oder halten die Bäume den Atem an? Dann fangen die Zweige, die Blätter, die Nadeln an zu zittern, ein leises Rascheln zieht durch die Bäume, es ist wie ein kühles, silbriges Kichern. Ich träume, daß mir eine Eule das Fliegen beibringt.

Am Morgen verabschiede ich mich. In meiner Nähe müssen ein paar Rehe übernachtet haben, das Gras ist dort eingedellt und sogar noch ein wenig wärmer als der übrige Boden. Ich sammle Abfälle, die überall herumliegen, in zwei mitgebrachte Plastiktüten. Als ich aus dem Wald komme, begegnet mir ein älteres Ehepaar, das einen frühen Spaziergang macht.

»Da schau hie«, sagt die Frau zu ihrem Mann, »die werd jetzt glei ihrn Abfall in' Wald nei schmeißn!«

AUF DEM UNTERSBERG

Wenn man die Grenzformalitäten zwischen Deutschland und Österreich hinter sich gebracht hat und schön langsam bergab Richtung Salzburg fährt, sieht man ihn rechts stehen: den Ayers Rock der alpenländischen Ureinwohner, einsam, schroff, abweisend. Nach Norden zeigt er eine gache (steile) Flanke, von der ein Felszacken in die Luft ragt. Wenn die ersten Nebel aufsteigen, liegt sein steiniger Buckel abweisend über dem Smog. Unnahbar. Vor ihm breitet sich das Salzburger Land aus. Hinter ihm – eine echte Kuriosität – südlich von Österreich, liegt Bayern, das Berchtesgadener Land. Die Basis des Untersbergs bildet ein Dreieck, auch selten, mit Salzburg, Bad Reichenhall und Berchtesgaden an den Spitzen. Ein Mönch, der die Gegend im 12. Jahrhundert der Kirche zuführen sollte, beklagte sich schriftlich: »... ein schrecklicher Urwald, starrend vor ewigem Frost und Schnee, in dem bis vor kurzem noch wilde Tier und Drachen gehaust haben!«

Vor drei Jahren brachen zwei Männer und eine Frau zu einer Bergtour auf. Sie stellten ihr Auto auf dem Parkplatz der Untersbergbahn ab. Es gibt nur eine Bahn; und nur von der Salzburger Seite, genauer gesagt von Anif aus, ist der Untersberg bequem per Seilbahn zu erreichen. Alle anderen Wege sind mühsam. Um es gleich zu sagen: diese drei Leute verschwanden vorerst spurlos von der Bildfläche. Aha, werden Sie sagen. Der Berg hat sie verschluckt. Nein, sie setzten sich nach Afrika ab, oder sonstwohin, und kamen später auch wieder. Sie nutzten aber die Tatsache, daß auf dem Untersberg schon so viele Leute verschwunden sind, um sich aus dem Staub zu machen.

Ich rufe bei den Salzburger Nachrichten an, um herauszufinden, was an dem Gerücht dran ist. »Untersberg?« sagt die Frau an der Telefonvermittlung. »Da brauchens den Schneider.«

»Das mit diesen Mythen ist alles ein Blödsinn. Was wollens wissen? Vermißte? Verschollene?« Der Journalist Schneider lacht unfroh auf. »Alle, die am Untersberg verloren gehen, tauchen irgendwo wieder auf. Fast alle, sagen wir mal, und wenns nur Haare oder Knochen sind, die irgendwann in der Fürstenbrunner Quelle herauskommen. Passieren tut das so: der Berg reizt zu Alleingängen. Jeder meint, das packt er schon, Kondition hamma sowieso. Gell. Der Berg ist, das klingt paradox, weglos, aber zugleich überall begehbar. Das macht ihn so gefährlich. Und die Wetterstürze! Da legt sich einer hin, schlaft ein, es schneit und er wacht nimmer auf. Wenn dann kein Jäger kommt und ihn findet, dann liegen halt am Schluß nur ein paar Knöcherl herum.« Schneider ist selbst dem Berg verfallen. Zu Vollmond steigt er auf. Er kennt den Berg gut. »Er ist mein Notprogramm«, sagt er. »Der Berg ist durchlöchert wie ein Schweizer Käse. Da wennst hineinfällst, findet dich keine Sau mehr.«

Am Untersberg habe ich meine erste Zigarette geraucht, und meine Großmutter liegt zu seinen Füßen begraben. Seit meiner Kindheit zieht mich der Untersberg an. Auf ihm kann man verzweifeln. Die Raubvögel schreien, ein schwerer Atem zieht durch die vielen Löcher, Dolinen genannt, und der ganze Berg scheint zu ächzen und zu wanken. Der Wind spielt in den Löchern und Scharten, und überall tun sich Mulden und feuchte Höhlen auf. Nie weißt du, ob der Grund dich trägt oder im nächsten Moment abstürzt in eine der vielen unterirdischen Hallen.

Nach der letzten Eiszeit, als sich die Gletscher zurückzogen, um 10.000 vor unserer Zeitrechnung, siedelten sich am Fuß des Untersbergs die ersten Menschen an. An seiner Ostseite wurden keltische Siedlungen und sogar neolithische Bergwerke gefunden. Der offensichtlichste Schatz in seinem Bauch ist das Salz, um das erbittert gekämpft wurde. Bis ins 19. Jahrhundert konnte die Kirche das Land halten, aber die Säkularisation versalzte ihr den Deal, und die Wittelsbacher rissen sich Land, Salz und Berge unter den Nagel.

Das Salz ist aber nicht der Schatz, den die Sagen meinen. Kein anderer Berg im Alpenland ist von Sagen so dicht umwoben wie der Untersberg. Das ist bei den vielen Höhlen und bei der Tatsache, daß alle indogermanischen und keltischen Kulturen Höhlen und Berge verehrten, kein Wunder. Die Höhle ist nach dieser Vorstellung nicht nur der Ort, an dem die Toten ruhen und sich eventuell vorbereiten auf eine Wiederkehr. Höhlen sind auch Symbolorte der Vagina, des Bauches, also eine höchst erotische Angelegenheit. Der Untersberg hat viele solche sanfte, feuchte Öffnungen, die sich – Urängste lassen grüßen – zuweilen als schützende Gruben tarnen, um den Naturfreund hinterrücks in den Tod zu stürzen. Berge sind in der alten Vorstellung unserer Ahnen oft gemeine, hinterlistige Wesen, die den Menschen nichts Gutes wollen. Gibt es in den Dolomiten noch die Steinkönigin Tanna, die sich in einen Hirten verliebt hat und dafür die Menschen verschont, so ist hier, am Untersberg, keine Spur davon. Die Wesen, die sich hier herumtreiben, lassen sich nicht verführen oder locken. Eher umgekehrt. Schon mancher Wanderer ist einem süßen Gesang gefolgt und jählings in den Genickbruch geschlittert. Venedigermanndl oder Bergmanndl, die im ganzen Alpenraum auftreten, scheinen hier eine größere Siedlung zu haben. Bis vor etwa hundert Jahren gab es immer wieder Fuhrleute oder Händler, die den Manndln begegnet waren. Venediger nannte man sie ursprünglich, weil sie aus Venedig kamen und mit Edelsteinen handelten. Der Sage nach verhöhnte so ein Manndl einmal einen Hirten: »Der Stein, mit dem du nach deinem Rindviech wirfst, ist wertvoller als die ganze Herde.«

Die Untersbergmanndl haben freundlichen Bergwanderern früher wohl oft Steine geschenkt, die sich dann als Kristalle oder Edelsteine entpuppten. 1794 fuhr ein Weinhändler am Fuß des Untersbergs Richtung Hallein. Ein sagenhaftes Bergmanndl hielt sein Fuhrwerk an und zwang den Mann, mitsamt seinem Wagen in den Berg hinein zu fahren. Versteht sich, daß der Mann für den Wein, den er dort ablieferte, weitaus mehr Geld, ja Gold bekam als ihm der Kunde in Hallein gegeben hätte. Wer aber von so einer Begegnung erzählte, hieß es, mußte sofort sterben. Folglich wurde sie erst am Totenbett weitergesagt.

So radikal waren die Untersberg-Fräulein nicht. Sie holten zwar schon mal ein Kind und behielten es ein Jahr, um es dann gesund und stark wieder zu entlassen, aber sie bestraften kaum jemanden.

Es ist übrigens gar nicht so unmöglich, daß tatsächlich uralte Völker sich noch jahrhundertelang gegen Eroberer und kriegerische Horden in den Höhlen des Untersbergs halten konnten. Funde bei Hallein und Bischofshofen bezeugen alte Siedlungen der Kelten bis um 9000 vor unserer Zeitrechnung. Hunderte von Frauengräbern und Kultstätten wurden an der Ostseite des Untersbergs gefunden. Auch alte Bergwerke entdeckte man, denn schon vor Tausenden von Jahren bauten die Kelten hier Kupfer und Salz ab.

Die umfangreichste Sage bezieht sich aber auf »den Kaiser«. Manchmal wird er »Barbarossa« genannt, manchmal auch »Karl der Große«. Jedenfalls gilt als ausgemacht, daß in der Tiefe des Untersbergs der Kaiser mit seinen tausend Mann ruht und wartet. Er wartet auf seine Stunde: denn wenn der Birnbaum vom Walserfeld verdorrt (er steht da tatsächlich noch), dann wirds brenzlig. Dann tut sich der Berg auf, und heraus reiten Kaiser Karl und seine tausend Mannen, vierspurig gen Freilassing, um sich in die letzte Schlacht zu stürzen. Ich habe mich allerdings schon oft gefragt, was die dann essen wollen, sind sie doch an Hamburger und Fritten nicht gewöhnt. Und ob einer der kleinen Naturkostläden die ausgehungerten Kerle alle versorgen kann?

Der Untersberg ist kein gewöhnlicher Bergsteiger-Berg. Es fahren zwar im Sommer viele Touristen hin, um die Schellenberger Eishöhle zu bestaunen, aber trotzdem bleibt das ganze Untersberg-Gebiet unnahbar.

Einerseits vielleicht, weil es zum Landschaftsschutzgebiet erklärt wurde. Aber die Schönheit der Mulden und Löcher ist eben auch unheimlich. Plötzlich bist du dir nicht mehr sicher: muß ich da hinüber, oder war das Geier-Eck nicht dort drüben? Beruhigend wirken die kleinen Spielzeugautos im Westen, die sich auf der Todesstraße zwischen Bad Reichenhall und Berchtesgaden vorwärtsdrängeln (»Da kann's dir schon passieren, daß du dich an einem Tag dreimal umziehen mußt, weil du über und über mit Blut bespritzt bist«, sagt Max, der seinen Zivildienst dort als Sanitätsfahrer abgeleistet hat). Beruhigend auch die Dunstglocke um Salzburg: dort ist die Stadt, das Leben, die Normalität. Aber kaum läßt du dich auf den Untersberg ein, überkommt dich ein Gefühl von Verlorenheit. So seltene Pflanzen wie Frauenschuh, Edelweiß, Seidelbast und Schwalbenwurzenenzian wachsen auf den Matten, die sich über den Kalkfels gelegt haben. Die Gänsegeier allerdings, die so majestätisch kreisen, kommen vom Salzburger Tierpark. Dafür sind die Habichte, die Alpendohlen und sogar die Steinadler echt wild. Sogar Steinhuhn und Sperlingskauz, zwei praktisch ausgestorbene Tierarten, tummeln sich hier. Das ist allerdings kein Trost, wenn sich die Dämmerung zwischen die Felsnasen schiebt und das einzig Helle die schmale Mondsichel ist, die mit der Venus spielt, bevor sie beide untergehen.

Muß sich nicht Hitler im Grab umdrehen, wenn er seinen Fehler erkennt: nicht der Obersalzberg wars, nach dem er suchte, als ihn die Thule-Gesellschaft, seine okkultistische Arier-Mafia, im Dritten Reich auf der steten Suche nach dem Übermenschen auf den Obersalzberg schickte, im irrigen Glauben, dort wäre der Macht-Berg, der die berühmte »große Energie« ausstrahlt. Nein, der Untersberg wäre es gewesen, aber der hat sich, wie so oft, unsichtbar gemacht für alle möglichen Machtspielchen und seine Energie für bessere Zeiten, für dich und mich und den Hias Schaschko aufgespart. Dieser nämlich fährt zuweilen im Winter mit der Bahn hinauf und begegnet dann kaum noch einem Menschen beim Hinübersteigen und Abfahren, denn es gibt keine Piste auf dem Untersberg, was den Massentourismus abhält, zumal die Abfahrt steil und unwegsam ist.

Es ist nicht leicht, mit Untersberg-Fans ins Gespräch zu kommen. Einer, der Fuzzi, ist gar nicht erst telefonisch erreichbar, weil er anscheinend dauernd auf dem Untersberg unterwegs ist. Wolfgang Smekal jedenfalls erwische ich. Er hat sich dort niedergelassen, wo er beim Aufwachen den Berg sehen kann. Er weiß von Leuten, die auf dem Berg einfach verloren gehen. »Sie tauchen nach zwei oder drei Monaten wieder auf, aber sie meinen, daß sie zwanzig oder dreißig Jahre weg waren. Und in der kurzen Zeit sind sie ganz grau geworden.« Immerhin können sie ja noch froh sein, wenn sie ihre grauen Haare auf dem Kopf behalten und diese nicht als unverdauliche Reste vom Berg durch die Fürstenbrunner Quelle wieder ausgespien werden.

Vielleicht sind sie ja der Frau Percht und der Wilden Jagd begegnet, die vom Süden her, von Berchtesgaden, den Untersberg unsicher machen. In der Rauhnachtzeit, »zwischen den Jahren«, gibt es heute noch die »Wilde Jagd«, Maskentänze und Umzüge, bei denen es recht grob hergeht. Frauen lassen sich da besser gar nicht blicken, denn auch die weiblichen Perchtenmasken, die »Schiachperchten« und die »Schönperchten«, die Hexen und die »Holda« werden von Männern getragen, und wenn eine Frau zu nahe kommt, kann es ihr passieren, daß sie verprügelt wird. Beim Perchtensprung, heißt es, haben einmal zwölf Perchtentänzer den Sprung über einen Backtrog getan. Plötzlich erschien eine dreizehnte. Sie sprang über zwei Backtröge. Und als sie einen Perchtenläufer berührte, fiel der tot um. Das war eben die echte Percht.

Ich habe es mir in meinem Schlafsack so gemütlich gemacht wie nur irgend möglich. Vom Lattengebirge schaut die »Steinerne Agnes« herüber, unter mir murmelt irgendwo das »Goldbrünndl«, das einzig erreichbare Wasser weit und breit, weil die durstige Stadt Salzburg alles aus der Fürstenbrunner Quelle zur Trinkwasserversorgung holt. Wind kommt auf. Ich schlüpfe tiefer hinein in den Schlafsack. So mutig bin ich nicht, daß ich jetzt einem Zug von vorwurfsvollen Untersbergmanndln begegnen will oder eine Prüfung der Wildfräulein bestehen könnte. Und wenn mich eine ein Jahr lang behalten wollte, wäre das höchst ungelegen, weil ich übermorgen einen Zahnarzttermin habe. Schwer atmet der Berg, wie die Black Mesa bei den Hopi oder der Geisterberg der Tuareg, der Garet-El-Dschennun. Es tröstet mich, daß der Name des Untersbergs nichts mit den »Unterirdischen« zu tun hat, sondern mit dem alten Wort »untern« für »essen«, weil die Sonne zum Mittag, zur Essenszeit, genau über dem Berg steht.

Im Einschlafen spüre ich, wie sich der Boden öffnet und im Fallen höre ich eine wunderbare Musik. Aber als ich aufwache, sind es wieder nur die Nonnen des Karmeliterinnenklosters zu Salzburg. Und wenn ich ein Untersbergmanndl gesehen hätte, würde ich es bestimmt nicht sagen, denn sonst müßte ich ja tot umfallen und dann könnte ich nicht mehr zuschauen, wie dereinst Kaiser Karl und seine Wildlinge aus dem Berg geritten kommen, falls der Birnbaum verdorrt, versteht sich.

HEILIGER HIGHWAY

Unterwegs auf der gefährlichsten deutschen Bundesstraße

An einem klaren Herbsttag fährt ein junger Mann hellwach und stocknüchtern auf einem völlig geraden Stück der B12. Am Rande dieser Strecke steht ein einziger Baum. Der junge Mann fährt pfeilgerade auf diesen Baum zu. Sein Auto wickelt sich um den Stamm. Der junge Mann überlebt, hat aber jeden Knochen im Leib gebrochen. Es dauert fast zwei Jahre, bis er aus dem Krankenhaus entlassen werden kann. Als er ganz geheilt ist und im Auto sitzt, will es das Schicksal, der Teufel oder wer auch immer, daß er wieder auf diesem Abschnitt der B12 fährt. Wieder fährt er an den Baum. Diesmal ist er tot.

Die Geschichte las ich in der Zeitung, als ich einmal Zeit genug hatte, ausgiebig die Zeitung zu lesen, weil ich gerade meine Tochter geboren hatte. Der Bericht überraschte mich kein bißchen, denn ich bin seit meiner Kindheit davon überzeugt, daß die B12 eine besondere Straße ist. Bis vor wenigen Jahren war sie die unfallreichste Straße der Bundesrepublik. Den Rang hat ihre eine kleine Straße zwischen Berchtesgaden und Reichenhall abgelaufen, was mich ebenfalls nicht erstaunt – aber davon später.

Allein auf dem acht Kilometer langen Abschnitt der B12 zwischen Mühldorf und Ebersberger Forst sind in den letzten 15 Jahren 70 Autofahrer ums Leben gekommen – falsch, 72. Denn in der Nacht vom 11. auf den 12. Okrober 1990 ist es erneut geschehen: Der Fiat-Fahrer Alois B., 27, geriet in der Nähe von – mich wundert's nicht – Maitenbeth bei hoher Geschwindigkeit auf die Gegenfahrbahn und bohrte sich frontal in einen Ford Fiesta. Als die Polizei kam, hing der Lagerarbeiter, der daheim von seinen Eltern erwartet wurde, tot im Gurt. Manfred E., 48, der in seinem Ford Fiesta auf dem Heimweg zu Frau und drei Kindern gewesen war, starb am Unfallort. Besonders gefährlich scheint die Straße bei Kilometer 37,5 zu sein. Dort hat man – dicht bei dicht – sechs Holzkreuze errichtet: für sechs Unfalltote.

Ich will Sie nicht daran hindern, Ihre eigenen Erklärungen für Verkehrstote und schreckliche Unfälle zu finden. Ich stelle nicht in Zweifel, daß die meisten Autofahrer in Deutschland wie die Wildsäue rasen und sich vorher möglichst noch mit Spirituosen abfüllen. Aber mit der B12 ist es eine ganz andere Geschichte. Dieser Straße müßte man den Schnaps in altbewährter Schamanen-Manier über den Asphalt schütten. Andererseits ist die B12 vielleicht die einzige Straße Deutschlands, die sowieso permanent beschwipst ist. Beschwipst nennt man im Voodoo des amerikanischen Südens einen Zustand, der den Kontakt zu den alten Energien, zu den Ahnen herstellt.

Die B12 verläuft – wie andere berühmte, mythische Highways, wie zum Beispiel die Route 66 – von Westen nach Osten, oder umgekehrt. Sie transportiert unzufriedene Allgäuer und Niederbayern in die heimliche Hauptstadt. Sie versorgt die unterversorgte Provinz mit Schwerverkehr, mit Cadmium, Blei, Schwefel, Kohlenmonoxyd und was sonst noch aus den Autos herausgeblasen wird.

Die B12 führt – immer an den Alpen entlang – von Lindau am Bodensee durch den schöneren Teil des Allgäus, vorbei an den diversen Holzleuten, groß und klein, durch Isny nach Kempten, wo man es noch um 1850 für nötig hielt, eine »Hexe«, die letzte Deutschlands, zu verbrennen. So stark waren die alten Heiltraditionen und so schwach die Kirche. Weiter führt die B12 nach Kaufbeuren und zieht sich hinauf über Buchloe gen Landsberg/Lech, wo sie schlagartig die Unfallstatistiken hochtreibt und Leichen ihren Weg pflastern. Nun schleicht sie sich in ein Stückchen Autobahn, widersteht der Versuchung, im Ammersee baden zu gehen, durchquert München, driftet ab in die Nebel von Niederbayern, vorbei am Wallfahrtskirchlein und den CSU-Stützpunkten Haag, Mühldorf, Altötting – heilige Maria, kassier für uns! – nach Simbach, haarscharf vorbei an Braunau.

Eine nichtoffizielle Hexenverbrennung – meines Wissens die vermutlich letzte Deutschlands – fand in den fünfziger Jahren hier, in der Nähe von Simbach, statt. Es traf eine Frau, der in ihrer Jugend von der wepsigen Männerwelt überdurchschnittlich viel Aufmerksamkeit geschenkt worden war, die später dann allein in einem Holzhaus im Wald lebte und von vielen Bewohnern der umliegenden Dörfer als Heilerin geschätzt wurde. Die Frau wußte viel – offenbar zu viel. Eines Nachts wurde ihr die Hütte über dem Kopf angezündet. »Mit der Hütte verbrannten auch die Frau und ihre Katze«, berichtet Inge Derichs, die damals als Kind Augenzeugin des Brandes gewesen ist. Ein Feuer, wie es der christlichen Gepflogenheit entsprach.

Weiter geht es auf der B12 nach Passau und hinauf in den Bayerischen Wald, das Land der Totenbretter und des Rubinglases. Nun verläuft sie an einem alten böhmischen Glasweg entlang und neben dem Goldsteig durch das Glasscherbenviertel Deutschlands nach Freyung. Bis vor kurzem wurde die B12 jäh bei Philippsreut gestoppt. Denn da begann der Ostblock, der verhinderte, daß die B12 auch noch Kuschwarda – von Herbert Achternbusch »Kuschwarda-City« genannt – berührt. Mittlerweile ist die Grenze geöffnet, und die B12 darf sich, in eine tschechische Version verwandelt, weiterschlängeln, tiefer in den Osten hinüber, wo nach Ansicht unseres großen niederbayerischen, nein: waldlerischen Propheten, des Mühlhiasl, die einzigen Überlebenden der Weltkatastrophe sein werden. »Dann aber kommt die schrecklichste Zeit der Welt. Du wirst die nackten Berge und die kahlen Bäum' sehen und die leeren Hütten, wenn der Tod die Menschen anspringt mit tausend Blitzen. Da wird eine Einschicht bleiben, in der kein Vogel singt und kein Wasser springt. Sieben Jahr' dürr und sieben Jahr' naß, und die Sonne wird trüb sein…«, orakelte er.

»Hilfsbereit und kontaktfreudig«, steht auf dem Poststempel der Polizei, die mir Unfallgeschichten von der B12 sendet. Für die Polizei ist die B12 »Sorgenkind Nummer eins«. Hauptursachen der Unfälle seien überhöhte Geschwindigkeiten und »nicht angepaßtes Fahrverhalten«. Ein Polizist bekennt, daß ihn auf der »Todesstrecke«, wie er die B12 nennt, nichts mehr schockieren könne: »Vom in der Mitte gespaltenen Golf bis zum Kopf im Omnibusscheinwerfer habe ich alles gesehen«, sagt er. »Trauriger Spitzenreiter« sei die B12 in der Unfallstatistik, lese ich. »Irrationales Verhalten der Autofahrer« führe zu den schrecklichsten

Unfällen. Verkehrsrowdys, insbesondere Motorradfahrer, werden von der Polizei mittlerweile aus der Luft beobachtet, verfolgt und gestellt.

Während in der Bundesstatistik die Zahl der Verkehrstoten zurückgeht, steigt sie auf der B12 stetig an. Der Krieg findet auf der Straße statt«, beklagt sich Reinhold Bauer, Leiter der Polizei in Fürstenfeldbruck, über die Unfälle auf der B12. Deshalb will er die »geballte Macht, die in unseren Geräten liegt«, einsetzen.

Aber der Autofahrer, der mit zweihundert Sachen von einem Helikopter entdeckt und von einem Streifenwagen gestellt wird, kann sich nicht erklären, warum er so gerast ist. Veitstanz auf der B12. Ihm wird, wie vielen anderen Rasern, der Wagen zeitweise abgenommen. Ein Unfallfahrer erzählt: »Ich fahre so mit... 160 werden's schon gewesen sein. Da krieg ich so ein Flirren im Kopf. Ich hab nichts getrunken gehabt, war voll da, eigentlich. Jedenfalls, wie ich das nächste Mal auf den Tacho schau, bin ich immer noch genauso schnell, aber die Straße unter mir ist verschwunden. Dafür kommen mir mit rasender Geschwindigkeit Bäume entgegen...«

»Aus bisher ungeklärten Gründen kam der Fahrer des PKW von der Straße ab ... «, heißt es in den Meldungen des *Münchner Merkur* oder der *Süddeutschen Zeitung* über solche Unfälle auf der B12. Immer wieder: »Ursache des Unfalls bisher nicht geklärt!« oder: »Über die Ursachen des Unfalls tappt die Polizei noch im Dunkeln.« Ich lese 60 Unfallberichte neueren Datums durch. In 24 davon werden falsches Fahrverhalten und/oder falsche Reaktionen beschrieben, die die jeweiligen Autofahrer nicht begründen konnten. Alkohol war nicht im Spiel. Das erinnert mich an die Erfahrungen eines Freundes in einem afrikanischen Buschkrankenhaus, wo man bei etwa 20 Prozent der Patienten als Krankheitsursache lapidar »witchcraft« angegeben hat. Das Krankenhaus, versteht sich, wird von europäischen Ärzten geleitet.

»Ha noi«, sagt Lenl, die »Wenderin« (Volksheilerin), und meint damit nicht die vietnamesische Hauptstadt. »Normale Straß isch des koine!« Sie lebt in der Nähe der B12 in einem Dorf bei Kempten. Sie heilt in der alten Tradition durch »Ansprechen«. Siebenundsiebzig Krankheiten kann sie heilen. Ihre Heilmittel sind Dreikönigskreide, Steine, Hanfschnur. Damit berührt sie den Krankheitsherd, um sodann die Krankheit mit

Sprüchen und Gebeten zu »wenden«. Auch bei verlorenen oder gestohlenen Gegenständen holen sie die Leute zu Hilfe. »Dieb, ich steche deine Hände, damit ich dich zum Guten wende«, ruft sie dann. Ihrem Sohn konnte sie nicht helfen. Der hat sich, wie sie es nennt, auf der B12 »derrennt«.

Sie sagt, diese Straße fresse eben die Menschen. Diese Straße brauche soundso viele Opfer im Jahr. Das sei früher ganz normal gewesen. Da habe man gefährlichen Wegen, Flüssen und Seen Opfer gebracht, um ihren Hunger zu stillen – zu Zeiten, als es (Gott mit dir, du Land der Baywa) noch keine Agrochemie gab und es mit gutem Zureden auch nicht schlecht lief. Es gibt noch viele Wenderinnen im Allgäu und in Niederbayern. Durch ihr Wirkungsfeld schlängelt sich die B12. Bei Maitenbeth in der Nähe von Haag/Oberbayern erinnert die B12 an alte keltische Traditionen: Beth, die Bethen waren die weisen Frauen der Kelten. Ihre Wege nennt man Bethelweibsteige. Auf ihnen wanderten die Kräuterfrauen und Heilerinnen. Alle diese Steige liegen auf alten »Leys« – Kraftlinien.

»Ein Kraftpunkt der Erdrinde wirkt wie eine energetische, konzentrierte und konstante Mechanik auf den Standort, sei es in förderndem, sei es in schädigendem Sinn«, schreibt Blanche Merz, die Schweizer Geobiologin, über die Kraftfelder der Erde.

Abgesehen von einem solchen Kraftlinienknotenpunkt zeichnet sich Maitenbeth durch ein Wirtshaus direkt an der B12 aus: eine häßliche kleine Resopalburg, deren Wunder sich erst im Innern erschließen. Denn drinnen gibt es eine sehr dicke Wirtin, einen hünenhaften Wirt und drei wunderschöne, stattliche Töchter, die ihre Körperwucht auf zierlichen »Pöms« (Stöckelschuhen) balancieren und mit ihren kühnen Reden jeden Wirtshaussäufer in seine Grenzen weisen. Steht man vor der Durchreiche zur Küche und der Wirt kommt herein, so sieht man nur den blutigen Schurz über dem Bauch, vor dem die tellergroßen Hände ein Messer wetzen. Das Haus der Riesen liegt jenseits von Raum und Zeit, wie vielleicht die ganze B12, und es gibt dort außer einem hervorragenden Schweinsbraten eine Portion Realitätsverlust.

Ich träume, daß auf einer grauen Straße zu wirbelnden Tommeln Lichter flackern. Überall fließt Blut. Ein Auto ist an einen Baum gefahren.

Ein Blaulicht nähert sich. Alte Symbole blinken auf: eine gelbe Muschel, ein sechsbeiniger Drache, Schilder in den alten Götterfarben Blau-Weiß-Rot. Pfeile weisen zum Himmel: Hier geht's hinauf! Weißgekleidete Priester beugen sich über ein Blutopfer. Autos fletschen die Kühlergrillzähne. Die Priester murmeln Gebete: Heiliges Auto, fahr für uns!

»Die terrestrische, unterirdische Schlange ist die Schwester der indischen ›Naga‹. Sie ist auch die Wuivre von Chartres. Das Wort soll aus dem lateinischen *vipera* stammen. Oder vielleicht aus der indogermanischen Wurzel *gwer*, was auf Wärme deutet, zur Schlange des Feuers, zur Kundalini der Hindu ... Unsere Vorfahren erforschten nicht nur die terrestrischen Kraftorte. Sie folgten auch dem Lauf dieser unterirdischen, wirkungsreichen Adern, die symbolisch durch die Schlange dargestellt werden. Diese Wege wurden als heilig erklärt. Man erbaute auch nie ein Wohnhaus auf diesen Zonen. Wenn eine Mauer oder eine Hecke diese überqueren mußte, wurde eine Öffnung für den ungehinderten Durchgang der Energie gelassen. Der Mensch wahrte stets großen Respekt gegenüber solchen natürlichen Kräften. Er suchte sie zu integrieren, um mit der Umwelt in Harmonie zu leben.« So schreibt Blanche Merz über die Leys.

Es ist der 15. Dezember 1984. Ich fahre von einem Volkshochschulabend in Mühldorf zurück nach München. Jahrelang bin ich die B12 hinauf- und hinuntergefahren, um meine Kurse abzuhalten. Zum Glück trinke ich nichts. Ein Auto kommt mir entgegen. Die Straße ist frei. Keine Kurve, kein Hindernis. Die Scheinwerfer rasen auf mich zu. Ich reiße das Steuer herum, fahre die Böschung hoch, überschlage mich zweimal, lande auf den Reifen. Alles ist wie immer. Nur die Scheinwerfer weisen vorwurfsvoll zum Himmel, und es wird kühl: Alle Scheiben sind kaputt. Aus dem Radio kommt *Fool on the Hill* von den Beatles. Ich muß lachen. Ich bewege mich nicht, lache nur. Im Rückspiegel sehe ich die Rücklichter des anderen Wagens. Auch er steht. Dann entfernen sich die Rücklichter langsam. Er ist abgehauen. Nur die vehementen Bremsspuren beweisen zu meinem Glück, daß ich nicht geträumt habe.

Ich ahne, was in ihm vorging, als er auf mich zuraste. Ich hab es selber schon erlebt. Der Asphalt dehnt sich. War da nicht ein Stöhnen?

Was huscht dort über die Straße? Dieses grauschwarze Fell, so glänzend, so weich... nur ein Zweig. Reiß dich zusammen! Wer will mir die Sinne verwirren? Vor mir locken rotgrüne Augen: Fahr schneller! Überhol doch! Aber es geht ja nicht! Macht nichts, fahr einfach! Grellblitzende Augen springen mir entgegen. Blechmaul öffnet sich – bereit zuzubeißen. Unter mir wölbt sich die Straße, macht einen Buckel, dehnt sich, ächzt, seufzt, dreht sich, flacht ab. Der Wagen gerät ins Schwingen, Schleudern. Träge zieht sich der Asphalt unter mir weg, wird zur schweflig-schuppigen Haut. Nicht! Laß dich nicht beirren! Denk an Peter van Anft. Ging es ihm nicht genauso, als er mit seinem Freund im Auto saß und auf die Straße starrte?

»Fahr schneller«, sagte er zu seinem Freund, »unter uns geht die Haut auf! Siehst du nicht, wie die Knochen der Toten sich nach uns ausstrecken?«

»Was redest du denn für einen Scheiß?« fuhr ihn der Freund an.

»Das Maul! Siehst du es nicht? Wir sterben, wir sterben!«

Und so war es: zwei Tote, drei Verletzte. Schnapp. Im Mühldorfer Krankenhaus wollten die Klosterschwestern dem Freund, dem »Todesfahrer«, wie sie ihn nannten, keine Schmerzmittel geben. »Wer so viel Schuld auf sich geladen hat, hat kein Recht auf Schmerzlinderung«, bellte eine der Bräute Jesu und knallte die Tür zu. Heilige Drachin, krümm dich für uns!

Immer, wenn ich auf der B12 fahre, denke ich an diesen Unfall und bin gewarnt: Hör nicht auf die Stimmen, die den Kopf durcheinanderbringen! Schau weg, wenn gelbgepanzerte Schlangen aus der Tankstelle über deine Gedanken kriechen und sich schwer auf die Augenlider legen. Ebersberger Forst. Hügelgräber. Alte keltische Kultstätten. »Hünengräber«, sagten sie in der Schule. »Hühnergräber« verstanden wir. »Das war keltisches Land«, sagte Lehrer Gossler, der uns alle zu Genies trimmen wollte. Die keltische Hauptstadt Danae vermutete er irgendwo südlich der B12. Nein, nicht auf der B12, natürlich nicht. Straßen laufen auf Leys, auf alten Energielinien, auf Kreuzungen der alten Kraft. Dort aber hätten die Kelten nie Siedlungen gebaut. Denn diese Energie ist gut zum Zaubern, aber höchst gefährlich für den Alltag. Diese Energie reißt Löcher in die Erde und zieht die Imagination hinein. Unsichtbar und allgegenwärtig wie schwarze Löcher zieht sie alles an sich, krümmt Materie, wickelt Autos um Bäume und Gedanken um Straßenpfosten.

Blanche Merz schreibt: »Wenn der Mensch auch vermied, auf den Zonen der terrestrischen Schlangen zu wohnen, so nutzte er sie doch für den Kirchen/Tempelbau, für seine Orte der Meditation und des Kultes. Die Wirkung des unterirdischen Wassers zeigt sich in einer leichten Ermüdbarkeit des Körpers, wodurch Innerlichkeit und Gebete gefördert werden sollten.«

Die Kelten waren Experten im Umgang mit dieser Energie. Auf ihren Linien und Pulsstellen bauten sie Quellheiligtümer und Kultorte, die durch Energiewege, Leys, verbunden waren. Deshalb wurden auch beim Bau der B12 kaum Siedlungsfunde gemacht – wohl aber in sicherer Entfernung, nördlich oder südlich der alten Leys.

Die Römer waren da nicht so exakt. Die wußten halt mehr über den Zusammenhang von Weg und Macht. Wer Straßen baut, besitzt die Welt, kann kolonisieren, einnehmen, handeln, unterwerfen, zerstören. Das war eines der Grundprinzipien des Römischen Reichs, und so nahmen sie Land um Land in Besitz, warfen die Kelten aus dem heutigen Allgäu und bauten ihre Straßen über die Wege der Kelten, etwa zwischen Kempten und Kaufbeuren. An der Straße errichteten sie Siedlungen. So feinfühlig waren sie einfach nicht, daß sie das Unheilvolle daran spüren konnten. Vielleicht ist daran das Römische Reich zerbrochen.

Die Kraft wirkt, auch wenn sie nicht gespürt wird. Alemannen, Bajuwaren, Hunnen, Illyrer – viele einfallende Stämme werkelten am Ende des Römischen Reiches. Auch sie ließen sich entlang der heutigen B12 nieder. Diese Vorfahren der heutigen Schwaben und Bayern wurden schon bald von irischen Patres christianisiert. Wenn sie es bedauerten, daß den fröhlichen Orgien im Mai, den lustvollen Erntefesten und dramatischen Ahnenfeiern ein Ende gesetzt wurde, so haben sie es nicht überliefert, denn wir wissen nur, daß auf die alten Kulthügel, die Tempel und Quellheiligtümer alsbald Wallfahrtskirchen, Leidenswege, Kalvarienberge gestülpt wurden. Aus war's, mit Lust und Kult.

Für die Römer galt noch: Wer's nicht im Kopf hat, braucht's in den Füßen. Und Füße hatten sie für ihre Gewaltmärsche durch Europa! Kurz und viereckig! In der Prähistorischen Sammlung liegen ein paar Schuhe herum, die einen Eindruck der Füße vermitteln, die einst die alte Schlange streichelten, bevor sie B12 hieß.

Wer einmal die Wallfahrten nach/in Altötting beobachtet hat, fragt sich allerdings: Wo aber haben wir's, wenn nicht im Kopf und nicht in den Beinen? »Gewallt« wird kaum mehr zu Fuß. Kurz vor Altötting spucken Busse die Frommen aus, die ihre Klappkreuze aufschlagen und, Gebete murmelnd und stöhnend, gen Altötting schlurfen, wo sich die B12 im alten Rundtempel wie verrückt im Kreise dreht, bevor sie hinter Altötting langsam wieder nüchtern wird. Heilige Maria, Mutter Gottes, voll der Gnaden! Das Rote Kreuz ist mit Dir! Du bist das Zugpferd unter den Heiligen, die ewige Kasse klingle Dir! Der Papst verschone Dich mit seinen Annäherungsversuchen!

Altötting ist das Zentrum der christlichen »Fraisen«-(Krampfanfall-) Bekämpfung. Da werfen sich welche auf den Boden und kriechen im Kreis herum. Andere kaufen Gebetszettel und heilige Andenken. Wieder andere laufen sich die Füße blutig, und ihre Schultern werfen Blasen von mittleren und schweren Kreuzgewichten, die Prozente auf das Fegefeuer erwirken sollen. Gegenüber hält Herr Tandler hof. Er bessert sein karges Staatsgehalt durch Betreiben eines Wallfahrtshotels auf. Sein Name bedeutet im Bayerischen Händler.

Krüppel werden in Leiterwägelchen zur Schwarzen Madonna, zur schwarzen Mutter Gottes gezogen. Die Schönheit und Vielfalt der Votivbilder, der unerschütterliche Wunsch nach dem Unwahrscheinlichen, Unmöglichen, ja nach dem Wunder wirkt berauschend. Wie kann sich die beschwipste Energie der Kraftlinien und Kraftknotenpunkte auf die ganze B12 auswirken? Sagen wir mal, in Anlehnung an Blanche Merz, die B12 ist eine alte Drachin: am Hexenstein im Bodensee bei Lindau nimmt sie einen Schluck Wasser, läßt ihn, vorbei an Isny, an Wengen, an Großholzleute und Kleinholzleute, durch die Kehle gurgeln, frißt ein paar Fische hinterher. Bei Kempten rülpst sie das erste Mal. Ihr Magen rumort zwischen Kaufbeuren und Buchloe. Der Bauch grummelt, zieht sich zusammen, und zwar ziemlich genau zwischen Landsberg und München, wo der stärkste Unfallschwerpunkt der ganzen B12 ist. Hier wird unter Ausschaltung jeglicher Vernunft, im Bann der Drachenverdauung überholt, abgebogen, geschleudert und überschlagen, daß es eine Art hat. Hier sterben die meisten Autofahrer. Hier rollen die Köpfe. Und ganz in der schamanischen Tradition beginnt die Drachin, die Menschen zu zerlegen – mit dem einzigen Unterschied, daß sie es versäumt, sie hinterher wieder zusammenzufügen, was zu einem schamanischen Heilungsprozeß eigentlich notwendig wäre. Aber da die Menschen ja auch die schamanischen Gesetze außer acht lassen, ist das nicht weiter verwunderlich.

Quer durch München arbeitet der Darm der Drachin über den Mittleren Ring hinweg, der über einen Mangel an Unfällen auch nicht klagen kann, weiter bis Riem, wo ein guter Freund von mir 1972 einfach von der Straße ab in den Himmel fuhr – natürlich nüchtern! Zwischen Anzing und Haag liegt ein neuer Unfallschwerpunkt. Kopfverletzungen, Schleudertrauma, Querschnittslähmung. Da fällt uns die Drachin buchstäblich in den Rücken, ehe sie – heilige Maria, drück ein Auge zu! – bei Altötting ihre giftigen Gase entweichen läßt, die in stinkenden Schwaden bis zum Erdinger Moos im Nordwesten und hinüber nach Simbach im Osten ziehen und sich mit dem Gestank des bayerischen Chemiedreiecks vermischen, um gerade noch den Passauer Dom zu streifen. O Maria, hilf!

Es ist also leicht zu sehen, daß so ein Erddrachentier mit jeder kleinsten Regung den ganzen Körper bewegt. Sitzt irgendwo eine Unpäßlichkeit, gerät auf der ganzen Linie alles in Tremor. Man kann das sehr gut am Starnberger See beobachten, der ja früher »Würm«-See hieß, weil ein Tatzelwurm darin haust. Mitten in ruhigster Windstille kann man auf den See hinausfahren und plötzlich von hohen Wellen derart hinterrücks überrascht werden, daß ein kleines Boot bei ungeschickter Reaktion wohl kentern kann. Das ist, »weil sich der Wurm dreht«, wie alle alten Leute am See wissen. Dreht sich der Wurm nun unter der B12 um, dann gerät schon mehr als nur eine Oberfläche ins Wanken. Die Attacke des Drachen galt von alters her dem menschlichen Geist.

Schau nicht in die gelben Drachenaugen, heißt es in alten Büchern über Drachen. Denn ihr Blick ist so abgrundtief listig und gemein, daß es kein Mensch aushalten kann. Aber wir oft habe ich schon in die gelben Augen der Straßenpfosten gestarrt, und wie oft haben sie sich schon verwandelt? Und wie oft ziehen die alten Drachen die Haut der Vernunft vom zarten Hirn und bohren mit ihren Krallen darin herum, erzeugen Wellen und Bilder und Sehnsüchte, lassen das Auto schaukeln wie ein Schiff?

Der Himmel kommt herunter und hält mit dem Mittelstreifen Hochzeit. Aus dem Stöhnen der Schlaglöcher springen funkelnd Sterne heraus und werden zu Scheinwerfern. Sanft wölbt sich die warme Asphalthaut und läßt sich von den Fingerspitzen der Reifen kraulen. Und dann: WUMM! Heiseres Lachen. Ein letztes Zucken. Straßenschilder glotzen vorwurfsvoll. Heilige Ambulanz, heul für mich! 423 tote Bäume an der B12 bei Kaufbeuren entlang! Maria hat nicht geholfen. 17 Tote! Maria hat nicht geholfen. 824 Schwerverletzte! Maria hat nicht geholfen.

Aber die alte Schlange hilft uns schon auf die Sprünge. Wären wir zu Fuß gegangen! Dann hätten wir all die Gesänge singen können, die es braucht, um die Energieknotenpunkte zu entschärfen. Ein Lied für Hexenstein. Ein Lied für den alten Bethelweg bei Großholzleute. Ein Lied für die keltischen Schmiede bei Isny. Ein Lied für die Götter und Göttinnen, die Stiere und die Stuten, für die Quellheiligtümer und die Kultschanzen, die sich nach Osten öffneten. Ein Lied für die Altgöttin in Altötting, die auf wundersame Weise durch ein gleichseitiges Dreieck mit der Schwarzen Madonna von Regensburg und der Anna von Kreuzberg bei Passau, dem ältesten Wallfahrts/Kultort Deutschlands, verbunden ist. Ein Lied für die Totenbretter und die Glasbläser, das geheime Rezept für Rubinglas und den Goldweg, für Heidenstein, Bärenpfad, den Salzweg und die Truden, die im Bayerischen Wald ihr Unwesen treiben. Ein Lied für die Flußperlen und den versunkenen Silberschatz in der Donau, für die drei Jungfrauen, die am Ort der drei Flüsse Passaus zusammenkamen, um zu heilen. Ein Lied den Bethen, Wenderinnen und Hexen.

Wollten wir all diese Gesänge im Auto auf der B12 anstimmen, dann ginge es uns so wie den Aborigines in Chatwins *Traumpfade*: Sie singen immer schneller bei dem Versuch, Ort für Ort, Energiepunkt für Energiepunkt mit dem Gesang zu einem Netz, zu einer mythischen Landkarte zu verbinden, bis sich ihre Stimmen überschlagen, weil das Auto zu schnell ist für diese und jede andere Art von Gesängen. Die Numerologie entlarvt die B12 sehr schnell: Die 12 bedeutet »Heilung durch Schmerz«.

Die Heilung erfolgt wohl im Hinblick auf die Unfallstatistik meist erst im nächsten Leben. Auch nach dem Tarot fällt der B12 die Aufgabe schmerzhafter Heilung/Erleuchtung durch einen zumindest unbequemen Zustand zu, denn im Tarot ist die 12 »der/die Gehängte«. Da ist eine Person dargestellt, die kopfüber vom Baum hängt – gar nicht so abwegig, dieses Bild für diese Straße: Eine Schlange umschlingt auf der Tarot-Karte das Bein des Gehängten am Ast des Baumes. Manchmal muß eben der Blickwinkel ver-rückt werden, um genauer zu sehen. Notfalls tut's auch die Aussicht vom Baum – kopfüber.

So gesehen entspricht die B12 den vier Stufen des buddhistischen Heilswegs. Eins: Die Basis unseres Lebens, heißt es im Buddhismus, ist der Schmerz. Zwei: Wir müssen zur Ursache unseres Leidens gehen, immer an der Angst, an der offenen Wunde entlang. Drei: Nur dort finden wir das Heilmittel gegen das Leiden. Vier: Und beginnen den Weg zu gehen, der zur Aufhebung von Leid und Schmerz führt. Auf die B12 übertragen, könnte das so heißen: Wir haben uns von unserer wahren Lebenskraft so weit entfernt, daß wir nicht mehr wissen, worum es geht.

Also: Eins: Wir rasen dahin, ohne Verbindung zur Erde, die uns trägt. Wir leiden, und wir verursachen Leid – und daß Stoßverkehr, Auffahrunfälle, abgerissene Köpfe und durchtrennte Rücken kein Leid sind, wird niemand behaupten wollen.

Zwei: Gingen wir zur Ursache unseres Leidens, würden wir vermutlich das Zeit/Raum-Problem entdecken. Wir haben keine Zeit mehr. Die Zeit geht uns verloren. Wir rasen, kommen aber trotzdem nirgendwo wirklich an, denn in Gedanken rasen wir weiter, in die Vergangenheit, in die Zukunft.

Der dritte buddhistische Schritt, das Heilmittel gegen das Leiden, wird auf der B12 zum Beispiel in Wallfahrten umgesetzt. Aber wenn dann, wie 1981 geschehen, ein Pilgerbus umkippt und über vierzig Personen schwer verletzt werden, scheint dieses Mittel nicht zu greifen.

Und der Weg schließlich, der Schmerz und Leid aufhebt, der könnte hier ganz einfach das Bewußtsein über die alte Erdenergie und die langsame Fortbewegung sein, beispielsweise über das Zu-Fuß-Gehen.

Wer nicht hören will, muß fühlen. Wer nicht fühlen kann, muß leiden. Wer nicht kapiert, worum es geht, der muß sich »derrennen«.

»Haben Sie denn eine Lösung für die vielen Unfälle auf der B12?« fragt mich scherzhaft der Polizist, der mich mit Informationsmaterial versorgt.

Soll ich's ihm wirklich sagen?

»Sie müssen«, sage ich eindringlich, »die Straße füttern.«

Stille auf der anderen Seite. Dann: »Sonst noch was?«

Ich habe es gewußt. Die einfachsten Lösungen sind immer die unpopulärsten. Lieber saufen, als die B12 mit Schnaps – *spirit for spirits* – einzusprühen! Lieber sterben, als eine Schüssel Hirsebrei an einer besonders gefährlichen Stelle, sagen wir, bei Dießen am Ammersee, aufzustellen! Lieber den Kopf in dem Busscheinwerfer deponieren, als kleine Steinhäufchen zur Beruhigung der Erdenenergie errichten!

Machen Sie doch, was Sie wollen! Aber vielleicht hilft Ihnen ja der Spruch aus dem Allgäu weiter, der sich offenbar mit den Problemen der B12 befaßt: »Es ist einmal ein Drake gewesen. Allelujah! Der hat die Leute aufgefressen, Allelujah!«

Was wollen Sie denn noch? Ach so, die Straße zwischen Berchtesgaden und Bad Reichenhall?

Nehmen Sie mal eine Straßenkarte und einen Zirkel. Merken Sie was? Diese Gegend bildet zur Schwarzen Madonna von Altötting und zu Gottes Großmutter in Kreuzberg, dem ältesten Wallfahrtsort Deutschland, ein gleichseitiges Dreieck! Was das bedeutet? Keine Ahnung...

WAHR-
NEHMUNGEN

WEIBLICHE FIGUREN

Wie die Frauen aus der Frühgeschichtsschreibung weginterpretiert werden

Die Frühgeschichtsforschung ist in heller Aufregung: Die bisher älteste menschliche Darstellung der Welt, ca. 30.000 Jahre alt, eine Elfenbeinplastik einer »anthropomorphen Figur«, eines »Mannes mit Löwenkopf«, muß nunmehr als Darstellung einer löwenköpfigen Frau gelten. Die älteste Menschendarstellung eine Frau! Und nicht die letzte – denn fast alle Menschendarstellungen der Frühzeit zeigen Frauen, dicke, dünne, fettsteißige, schmale. Frauen aller Art, die dann allerdings in einschlägigen Publikationen gern als »frühe Götterdarstellungen«, »Götter und Göttlein«, Ånthropomorphe Figur«, »Gottheit« oder gar »Vegetationsgottheit« bezeichnet werden. Woher kommt eigentlich die Scheu, das Eindeutige eindeutig zu benennen?

Die Frühgeschichtsforscher haben es allerdings wirklich nicht leicht: Kaum gilt ihnen ein Forschungsergebnis als »wissenschaftlich erhärtet«, wird es durch eine neuere, genauere Untersuchungsmethode wieder in Frage gestellt. Obwohl alle Bücher und Kataloge von definitiven Aussagen über die Frühgeschichte nur so strotzen, kann die Tatsache nicht verborgen bleiben, daß jede Erkenntnis über unsere frühe Geschichte das Rätsel noch ein wenig vergrößert.

Dabei hat die Wissenschaft den letzten Schock noch gar nicht so richtig verdaut: Um die Jahrhundertwende entdeckte ein spanischer Gutsbesitzer oder vielmehr seine kleine Tochter grandiose Höhlenmalerien. Jahrzehntelang tobte in den Medien der »Mammut-Krieg«. Es wurden weder Kosten noch Mühen gescheut, um die Malereien als Fälschungen zu entlarven. Umsonst. Die Malereien stammen aus der Eiszeit, und wir können nun alle getrost davon ausgehen, daß die brillant gemalten Stiere, Mammuts und all die anderen Tiere vor rund 30.000

Jahren an die Wände der Höhle von Altamira gemalt wurden. Die patriarchale Wissenschaft scheint Forschungsergebnisse nach dem Prinzip »Was nicht sein darf, kann auch nicht sein« zu verwerten. Sie kann es offenbar einfach nicht ertragen, daß es Kunst vor der Erfindung von Kunstakademien und Museen gegeben hat. Aber noch unangenehmer scheint die Erkenntnis, daß der Zeitraum, der so gerne Vor-Geschichte genannt wird – immerhin rund 3,5 Millionen Jahre Kulturgeschichte, im Gegensatz zu schlappen zweieinhalbtausend Jahren Patriarchat –, daß dieser Zeitraum weitgehend von Frauen und deren Fähigkeiten geprägt war.

»Fast immer in der überschaubaren menschlichen jüngeren Geschichte«, schreibt der Frühgeschichtsforscher Gerd Albrecht in einem Katalog zur Ausstellung »Die Anfänge der Kunst vor 30.000 Jahren« über die Künstler des Magdalénien, »sind es die Männer gewesen, die den größten Einfluß auf die gesellschaftlichen Strukturen genommen haben und so das soziale Zusammenleben bestimmten ... Damit hängt auch eine Vormachtstellung des Mannes in den ›geistigen‹ Institutionen der jeweiligen Gesellschaft zusammen, seien es nun die religiösen oder, in unserem Fall, die künstlerischen Bereiche. Soweit wir das heute feststellen können, ist der größte Teil aller Kunst von Männern produziert worden.«

Anhand einer solchen Aussage über die Frühgeschichte kann man sich zwar einerseits die Wünsche und Träume dieses Mannes vorstellen, was uns in diesem Zusammenhang aber weniger interessiert. Denn »soweit wir das heute feststellen können«, sind alle Kunstwerke der Frühzeit von Menschen hergestellt worden, die wir nicht kennen. Das heißt, wir wissen nicht, wer die kleinen dicken Frauen, die Elfenbeinlöwen, die Mammuts aus Knochen und Stein, die Höhlenbären, die schlanken Frauentorsos hergestellt hat.

Torbrügge zitiert im Ausstellungskatalog zu »Idole. Frühe Götterdarstellungen« einen ungenannten Forscher, der sich vorstellt, wie die Frauen »aus Langeweile« selbst diese Frauenfigürchen, also gewissermaßen Selbstportraits, schnitzten und formten, während die Männer auf der Jagd waren und zum Schnitzen und Töpfern gar keine Zeit hatten.

Kann es sein, daß unsere Vorstellungen von der Frühgeschichte von schwülstigen Forscherphantasien größtenteils aus dem 19. Jahrhundert stammen, die kritiklos übernommen wurden, bis sie aus den Publikationen und Katalogen verschwinden mußten, weil sie wiederlegt waren? Wie kommen Wissenschaftler, wie z. B. Albrecht, auf die Idee, Frauen hätten die Gesellschaft und das soziale Zusammenleben nicht geprägt? Die ägyptische Hieroglyphe für »Töpfern« ist dieselbe wie die für »Frau« (und die meisten Idole der Frühzeit sind aus Ton); und schon Diodor, der griechische Reisende und Philosoph, berichtete, in Lykien würden nur Frauen prächtige Häuser bauen und die Männer stünden verlegen lächelnd herum.

Bis in die heutige Zeit hinein finden sich Beweise für die umfassende gesellschaftliche Wirkung von Frauen in der Geschichte. Zwei Beispiele: Bei den Tuareg gilt als nicht von hohem Adel, wer seine Vorfahren nicht bis zur großen Gründerin aller Stämme, Tin Hinane, zurückführen kann, die den Klan übrigens der Sage nach mit ihrer Freundin gründete.

In einem Dorf der Ga in Ghana, in dem ich mich längere Zeit aufhielt, führten zwei englische Ethnologen eine Untersuchung durch. Ich traf sie in Accra wieder und fragte sie nach ihren Erkenntnissen. Sie erzählten mir vom Medizinmann, vom Chief, von den Männerriten. Ich fragte nach den Frauen. Die spielten, so die Wissenschaftler, bei den Ga keine besondere Rolle. Bei den Ga ist der Stamm allerdings matrilinear und matrilokal geordnet. In jedem Dorf gibt es eine Fetischpriesterin, die Frauen schließen sich zu mehreren Geheimbünden zusammen. Die beiden Männer konnten das nicht in Erfahrung bringen, weil sie zum Frauenteil des Dorfes keinen Zugang hatten (den sie für eine Vorratsabteilung hielten). So entstehen Mythen. Übrigens bauen die Frauen bis heute in den westafrikanischen Dörfern die Häuser in alter überlieferter Tradition, sie sind Töpferinnen, Weberinnen, Händlerinnen wie auch die Frauen Asiens oder Südamerikas.

So hartnäckig, wie sich die Mythen vom alles beherrschenden Steinzeit-Jäger mit der Keule halten, sind auch die Darstellungen der menschlichen Entwicklung: vom Affen zum Mann. Die Menschheitsgeschichte wird, allen Erkenntnissen zum Trotz, stets nur von Mann zu Mann aufgezeichnet. Von den Gebrüdern Cro-Magnon zu den Gebrüdern Grimm. Eine angehende Doktorandin legte ihrem Doktor-Vater (was für ein

Wort!) ihre Arbeit über Idole aus der Frühzeit vor, in der sie eine These zu den fettsteißigen Frauenfiguren entwickelt hatte. »Ach, das ist doch alles Käse«, meinte der Professor, »diese Darstellungen sind frühe Pornographie, von Männern gemacht, um sich daran zu erregen.« Diese Ignoranz wird nur noch von einem Archäologen überboten, der die Frauengräber in Bischofshofen und das Fehlen von Männern und männlichen Kindern folgendermaßen erklärten: »Die Männer werden die Buben halt mit in den Krieg genommen haben. Heutzutage nehmen ja die Männer ihre Buben auch mit auf den Fußballplatz.«

Jahrelang galt als »gesichert«, daß die Knochenfunde von alten Frauen und Kindern in einer Höhle im Turkanagebiet, Kenia, »rituelle Menschenopfer« darstellten. Heute, mit den verfeinerten Radiocarbon-Untersuchungsmethoden, die den radioaktiven Zerfall einer Substanz feststellen können und damit eine sehr viel genauere Material- und Zeitzuordnung ergeben, weiß man, daß ein Leopard diese offenbar schwächeren Mitglieder der Sippe rauben und fressen konnte. Der Nachweis des Leoparden und der Kampfspuren konnte erst durch die neue Untersuchungstechnik erbracht werden. Bis dahin geisterte aber die abstoßende und faszinierende Vorstellung durch Wissenschaftlerhirne: In der Frühzeit wurden alte Frauen und Kinder geopfert.

Solche Einschätzungen sind immer problematisch, weil sie die Phantasien der Forscher zu unumstößlichen Tatsachen erklären. Gefährlich werden sie dann, wenn Theorien zur Überlegenheit einer bestimmten Rasse oder eines bestimmten Geschlechts damit untermauert werden sollen. Erstaunlich ist dabei die Tatsache, daß Frauen zwar aus der Frühgeschichtsschreibung herausdiskutiert und -interpretiert werden, daß aber keine Frühgeschichtsausstellung in der Lage ist, auf die zahlreichen Frauendarstellungen zu verzichten. Erst kürzlich bewies die umfangreiche Ausstellung »5 Millionen Jahre menschliches Abenteuer« im Palais der Schönen Künste in Brüssel, daß unsere Erkenntnisse der Frühzeit bislang hauptsächlich durch Frauen geprägt sind. Bis etwa 3000 vor unserer Zeit sind Frauendarstellungen in der überwältigenden Mehrheit.

James Mellaart schreibt in seinem Ausgrabungsbericht von Catal Hüyük und Hacilar über diese etwa 5000 und 6000 Jahre alten matriarchalen Siedlungen, sie zeichneten sich durch eine – heute kaum noch nachvollziehbare – Friedlichkeit aus. Es gab dort keine Mauern, keine Verteidigungsanlagen, keine Waffenfunde. Dafür aber Tempelräume mit Göttinnen, Löwinnen und Leoparden, Wohnplattformen für die Gebieterin des Hauses, die besonders ausgeschmückt und weiträumig waren. Die Kinder wurden mit den Müttern bestattet und lebten bei ihnen. Göttinnenfiguren wurden oft mit Geierköpfen, Löwenköpfen oder in anderen Tiergestalten geformt.

Ein Beispiel für eine kreative Auseinandersetzung mit Funden bietet die Diskussion um einen Kultstein von Lepenski Vir (Siedlung aus dem Holozän an der Donau, an der Grenze zwischen Jugoslawien und Bulgarien gelegen): Der Katalog des Philipp-von-Zabern-Verlags meint, ein Oval in der Mitte des Steins »lasse an einen Fisch denken«, die Forscherinnen Marie König und Marija Gimbutas bezeichnen den Stein als »Vulva-Darstellung«, zumal ein zweiter, in der Nähe gefundener Stein eine Art »Sheela-na-Gig« (also ein Gesicht, angedeutete Brüste und zwei Hände, die eine große Vulva auseinanderziehen) zeigt. Die Brüsseler Aussteller schließen sich kurzerhand den Forscherinnen an und bezeichnen den Stein nun als »Vulva-Stein«. Ganz anders E. Comsa im »Idole«-Katalog: »Die Masse weiblicher Figuren im Neolithikum zum Beispiel erklärt sich ... simpel aus einer anfänglichen Funktion als Jagdgottheit, die sich mit der intensivierten Agrarwirtschaft in eine Fruchtbarkeitsgöttin verwandelt hat.« Torbrügge distanziert sich in seinen Bemerkungen im selben Katalog von dieser Deutung. Er bedauert sogar die Praxis solcher Art von Forschung: »Die Scheinbeweise werden ... aus der vorweggenommenen Deutung abgeleitet.«

Jahrelang wurde behauptet, die Menschen der Frühzeit lebten praktisch im Freien, fertigten ihre Gebrauchs- und Kultgegenstände nur aus Stein, Knochen, Elfenbein und Muschelmaterial und liefen mit Keulen und Steinäxten herum. Die Tatsache, daß Textilien, Flechtwerk, Schilf, Holz, Fell und Leder zwar verwendet wurden, aber vermutlich heute längst zerfallen sind, spielte bis vor kurzem in der Forschung kaum eine Rolle.

Gerade die Frühgeschichtsforschung krankt an der mangelnden Kreativität und dem Realitätsverlust der Forscher. Wenn die Wissenschaft so weiterarbeitet, dann werden in tausend Jahren irgendwelche Ausgräber behaupten, Agip-Tankstellen seien Tier-Heiligtümer gewesen. Da sei die Göttin vor! Seltenheitswert haben bei Ethnologen und Frühgeschichtsforschern jedenfalls immer noch die Eigenschaften Sensibilität und Selbstkritik, wie sie die Herausgeber eines Katalogs über die Frühgeschichte amerikanischer Ureinwohner an den Tag legten. Sie druckten als Leitmotiv die Anekdote einer Begegnung eines Anthropologen mit einer Töpferin ab: Der Anthropologe Kenneth Chapman besuchte in den dreißiger Jahren die Töpferin Maria Martinez in San Ildefonso Pueblo. Chapman fragte sie, wann sie geboren sei, worauf sie antwortete: »I am here.«

LITERATUR:

Die Anfänge der Kunst von H. Müller-Beck, Theiss-Verlag.
Idole. frühe Götterbilder und Opfergaben, Verlag Philipp von Zabern.
Catal Hüyük von James Mellaart, Lübbe-Verlag.
I am here. 2000 Years of Southwest Indian Arts and Culture, Museum of New Mexico Press.
5 Millionen Jahre menschliches Abenteuer, Palais des Beaux Arts, Brüssel.
Lepenski Vir (Ausstellungskatalog), Verlag Philipp von Zabern.
Goddess, Adele Getty, Thames and Hudson Verlag, London.
The Language of the Goddess und:
The World of the Goddess, Marija Gimbutas, Harper San Francisco-Verlag.
Sehr lesenswert: *Ursprünge und Befreiungen. Eine dissidente Kulturtheorie*, Carola Meier-Seethaler, Arche-Verlag.
Am Anfang der Kultur, Marie König, Ullstein-Verlag.
Frauenwelten – Männerwelten, Cillie Rentmeister, Leske und Budrich-Verlag.

LYRISCHE ATOMPILZE

Während in Tschernobyl die Katastrophe ausbricht, richte ich mir im Obstgarten eine Menstruationshütte ein. Am Nachmittag des 27. April schlafe ich dort überraschend ein und habe folgenden Traum: Ein Mann beugt sich über mich und küßt mich; als ich in sein Gesicht schaue, ist es eine schwarze Fläche. In dem Moment, wo meine Lippen diese Fläche berühren, fährt ein Stromstoß durch meinen Körper.

Am nächsten Tag schwappt eine Depression über mich. Ich steige ins Auto und fahre umweltfeindliche 160 km/h zu einem Kultplatz ins Gebirge. Drei Stunden laufe ich durch den Nieselregen, nehme einen durchlöcherten Stein mit und atme die feuchte, wunderbare Frühlingsluft ein. Schreibe ein Gedicht in mein Tagebuch, in dem vorkommt:

Die Landschaft liegt im Koma
Jetzt bloß keine glatten
Verlautbarungen aus dem Radio
keine optimistischen Gesichter
strahlende Fratzen
Die Zeitungen schreiben am nächsten Morgen:
Wer löscht das Höllenfeuer usw.

Plötzlich diese mystischen Vergleiche. Höllenfeuer, Teufelswolke und so weiter. Eine Katastrophe gerade richtig für die Auflagen der Tageszeitungen. Wir kaufen uns alle Zeitungen, mindestens eine Woche lang, und brechen in Panik aus, endlich sind wir so normal wie die ganze Nation.

Ein kurzer, heftiger Lachanfall, als die ersten Trauben, Orangen, Avocados usw. aus Israel und Südafrika in unserer Küche auftauchen.

Im Sturm der Gefühle gibt es eine Klarheit: Jetzt bloß nicht demonstrieren müssen. Nicht auch noch Giftgas im Wasserwerfer wie vor kurzem in Wackersdorf. Jetzt keinen Bullen, der dir einen Knüppel in die Fresse haut. Was aber? Die ersten Freunde segeln ab, nach Südfrankreich, Afrika und so fort. Nichts gegen Afrika, ich war lange genug dort, um wieder hin zu wollen.

Nacht. Alle schlafen. Wir haben über den tibetischen Mönch gesprochen, der den Boden putzt, als er gefragt wird, was er tun würde, wenn er wüßte, er würde morgen sterben. Sie sehen doch, ich putze den Boden, sagt er. Das heißt: Wenn es stimmt, was du tust, machst du weiter. Wenn es nicht stimmt, bringt auch diese Panik nichts Stimmiges dazu. Dann heißt es erstmal: Klarheit schaffen. Klarheit ist für mich untrennbar verbunden mit Meditation, also sitzen, Gedanken lassen, bis der Block ins Leere geht. Atmen.

Seit über zehn Jahren trainiere ich meine »spirituellen« Kräfte, lebe ich fast ausschließlich nach meinen Gefühlen, nach meiner Intuition, nach meiner eigenen Klarheit. In dieser Zeit ist meine Überzeugung gewachsen, daß nur das konsequente Einbringen dieser Energie und Klarheit in die unmittelbare Umgebung (gelegentlich auch in eine weitere Umgebung) Veränderungen bringen wird. Ich habe gelernt, meinen Ahnungen zu trauen. Immer öfter gelingt es mir, den Code aus meinem Unterbewußtsein zu entschlüsseln.

Die Ahnungen waren da, sogar ganz klar, aber ich spielte sie herunter, bis ich die Zeitungsüberschriften las. Und wenn ich sie verstanden hätte – es ist ja nicht so, daß wir damit nicht gerechnet hätten. Wir, die Feministinnen, die Linken, die Grünen, die Sprit/Maggi-Leute wissen doch schon lange, daß solche Katastrophen kommen wie das Amen in der Kirche.

Woher also die Überraschung – was hätte ich dann gemacht? Ich wäre zwei Tage früher in Panik geraten, wäre dann natürlich nicht zu meinem Kultplatz gefahren, um im radioaktiven Fallout spazieren zu gehen. Wir hätten die Kinder zwei Tage länger eingesperrt.

Wenn ich die Augen weit öffne, kann ich so etwas wie violette Schleier über dem Obstgarten sehen. Meine Menstruationshütte ist jetzt in der radioaktiven Ausstrahlung etwa vergleichbar mit einem tibetischen Kloster auf 5.000 m Höhe im Himalaya.

Ich konzentriere mich darauf, die kurzen und die längeren Wellen aufzufangen. Von einem befreundeten Atomingenieur weiß ich, daß Plutonium langsam counts gibt, die man nur in sehr langen Zeiträumen überhaupt zählen und auswerten kann. Jod kommt schnell, Cäsium und Barium auch, Strontium, Ytrium und Beta-Wellen dauern länger. Und eben Plutonium, Alpha-Wellen, Alpha? Ich denke an Alphaville von Godard und an die Alphazustände in einer Trance.

Ich gehe in Trance. Mein Körper weitet sich wie ein Faß. Mit jedem Atemzug ziehe ich die verschiedenen Wellen ein, lasse sie in mir kreisen, informiere meine Zellen über den veränderten Zustand, integriere die Wirkung und atme die Wellen wieder aus. Das Gefühl: wie Strom, den du durch ein Kabel in ein elektrisches Gerät leitest. Wenn du mit der ungeschützten Hand hinlangst, stirbst du, wenn du aber ein Isolationskörper wirst, der die Energie formt, richtet und nutzt, bringt's Impulse, mit denen du arbeiten kannst.

Nach dieser Nacht fühle ich mich erfrischt.

Dann wieder die Angst um die Kinder. Wie können wir sie schützen? Wir kaufen stapelweise alte H-Milch, kochen Reis und tropische Früchte (ach du Scheiße, die Franzosen mit ihren Atomversuchen, Schweine, Mörder usw.). Neue Informationen aus Japan trudeln ein: Miso nimmt die Strahlung auf und hilft, sie aus dem Körper auszuscheiden. Wir treiben unsere Kühe nicht aus, werfen die Kräuter und Salate aus dem Garten weg. Die Kinder dürfen nicht hinaus ins Gras. Ich informiere Walli über alles, was ich weiß, sie geht hinaus. Radfahren. Ißt Schokolade. Grinst mich an. Fragt, ob sie in den Laden gehen soll, ob sie uraltes vergammeltes Gemüse hätten. Grinst wieder.

Nacht. Ich sitze über meinen Garten-Aufzeichnungen: Frauenmantel (Alchimilla), Beinwell und Beifuß strahlen besonders viel Radioaktivität aus (nehmen besonders viel aus der Umgebung auf). Frauenmantel und Beifuß sind Frauenheilkräuter, gegen Menstruationsschmerzen, Bauchkrämpfe usw. Beinwell heilt Wunden und Brüche schneller. Was macht denn der Körper mit dieser Strahlung?

Warum nimmt er die als heilende Energie auf? Wenn Frauen menstruieren, haben sie eine höhere radioaktive Ausstrahlung (nehmen evtl. mehr Strahlung aus der Luft auf). Kommt daher das alte Tabu? Menstruierende Frauen haben auch mehr Energie (die meistens in Aggressionen und Depressionen abgeleitet werden). Die alten Frauengemeinschaften hatten Menstruations-Rituale und Tänze. Bei weiblichen Tieren ist die Befruchtung nur in der Zeit der Menstruation möglich.

Also, was mache ich mit diesen Informationen? Und: Ein Bekannter kam einmal mit einem Geigerzähler in die Wohnung meiner Freundin und mir und checkte dort die Strahlen. In einer kleinen Kammer schlug das Gerät ganz extrem aus. Er fragte, ob da jemand schlafe. Ich hatte meine Steine dort zu einem kleinen Steinkreis gelegt. Klar: Meteorsteine, Quarze, Kristalle, Granite und sonstige Mineralien strahlen natürlich auch radioaktive Energie ab. So ist es ja möglich, das Alter von antiken Sachen zu bestimmen, wieviel von der ursprünglichen Radioaktivität eines Materials bereits zerfallen ist. In dieser besagten Kammer arbeitete ich jahrelang an meinen medialen, spirituellen, magischen Kräften.

Wiederaufkeimende Panik, als ein Bauer im Landkreis 4.800 Becquerel in einem Liter Schafmilch mißt. Dabei weiß ich weder, was Bequerel ist, noch kann ich mir unter Rem, Rad, Curie, Sievers, Milliröntgen usw. was vorstellen. Ich habe Halsweh und denke an Schildkrötenkrebs. Mein Freund Jürgen sagt: Du bist bei offenem Fenster Auto gefahren. Stimmt.

Ich mache mir ein Pendel aus einem uralten Silberknopf, mit einer Schnur von der afrikanischen Zauberin.

Am Wochenende habe ich einen Workshop mit einer Gruppe von Frauen aus der Schweiz. Ich habe keine Lust zu gehen, vielleicht passiert Walli etwas, wenn ich weg bin? Und wozu diese spirituellen Inseln schaffen, wenn wir eh keine Zukunft haben.

Das Wochenende hat mich wirklich geheilt. Entweder es stimmt, was du machst, dann mußt du es weitertun, oder es stimmt nicht, dann wird's Zeit, daß du endlich etwas tust, das stimmt.

Ich fühle mich energetisiert. In der Trance bin ich in das Zelt einer alten Frau gegangen, die ich vor langen Jahren in meiner allerersten Trance getroffen habe. Viele Menschen krabbeln den Berg hoch, nisch, ängstlich. Alle wollen zu ihr. Sie fühlen sich schwach und ängstlich wie ich.

Die Kriminellen regieren. Aber wir wissen, daß die Welt nicht nur dort beeinflußt wird, wo Reden geschwungen und Verträge geschlossen werden.

Und deshalb will ich nicht demonstrieren, obwohl es auch wichtig ist: weil es Zeit wird, daß wir die Dinge von innen beeinflussen und verändern, mit den Energien, an denen wir arbeiten und nicht nur mit Maggi, Sprit und Politik kokettieren, zum Wochenende, wenn wir mal Zeit haben.

Warum treffen wir uns nicht zu einem spirituellen Brain-Storming vor einem Kraftwerk oder in Mutlangen, wo noch ein paar Zeitbomben liegen. Warum nicht einen entfesselten Hexentanz zur Schließung aller Kraftwerke anzetteln. Ich biete das an: ein energiegeladenes Wochenende zum Verwandeln von Energien. Wer macht mit?

Anmerkung d. Autorin 1992: Nach einigen Informationsabenden traf sich eine Gruppe von 13 Frauen in Wackersdorf zu einem Bann-Ritual. Wir waren überzeugt, daß die WAA erledigt sei. Eine Frau aus Schwandorf schenkte uns ihren Besen »zum Zaubern«. Kaum zwei Jahre später wurde der Bau gestoppt.

ZAUBERHAFT GESCHMÜCKT

Seit mehreren Stunden schon sitzt Gianni, der venezianische Glasperlenfabrikant, mit Ali Traoré zusammen. Ali verkauft auf dem Marché Rose in Bamako/Westafrika Antiquitäten und Schmuckperlen. Seit mehreren Stunden sitze ich dabei, denn auch ich möchte die Perle kaufen, um die vehement gefochten wird: eine etwa vierhundert Jahre alte venezianische schwarze Glasperle mit grünen aufgesetzten Streifen. Sie sieht aus wie ein Lakritzbonbon mit grünem Zucker. Sie ist zusammen mit Tausenden von anderen venezianischen, böhmischen und bayerischen Glasperlen in Westafrika gelandet, als die Kolonialisten für die damals wertlosen Perlen die Schätze Afrikas abräumten. Heute pilgern Händler und Museumsvertreter nach Westafrika, um die wunderschönen alten Perlen einzeln – und sehr teuer – zurückzukaufen. Wir trinken eine Runde Tee. Ich mische mich ins Gespräch nicht ein, sondern warte ab. Ich trage meine beste Kette aus einem Bronzekrokodil, einem alten Goldgewicht aus Ghana, steinzeitlichen Saharaperlen aus Stein, einen mesopotamischen Alabaster-Augenstein und phönizischen Glasperlen. Ali wendet sich mir zu. »Ich verkaufe die Perle an diese Frau«, meint er unvermittelt. »Sie sperrt sie nicht in ein Gefängnis, sie trägt sie.« Damit reicht er mir die Perle. Ich reihe sie auf meine zweite Kette aus alten Glasperlen und einer Cheetah-Kralle ein und lächle. Dann begleiche ich den Preis, ohne zu handeln. In Europa sind diese Perlen heute fast unbezahlbar.

Die Frauen Westafrikas tragen heute noch ihren ganzen Reichtum in Form von Schmuck am Leib. Gold, Amber, Koralle, Türkis, Lapis, irisierende Glassteine, Silber – diese wertvollen Materialien dienten jahrtausendelang als Zahlungsmittel, als Schmuck, aber auch als Basis für wirksame Schutzamulette. Die westliche Idee, Reichtum in Form von Geld oder Aktien auf der Bank aufzubewahren, ist allen alten Kulturen fremd.

Fast alle frühen Völker waren Nomadenvölker. Sie lebten hauptsächlich vom Tauschhandel. Wurde mehr Ware erbracht, als transportiert oder aufbewahrt werden konnte, so tauschte man den Überschuß in Schmuckperlen, Bronzeamulette oder Elfenbein, Gold, Silber und Steine ein, die auf »Geldketten« aufgefädelt wurden. Der früheste Schmuck und zugleich die frühesten Zeugnisse menschlicher Kultur sind Tier- und Frauenidole. Kleine, aus Bein, Horn, Muscheln oder weichem Stein geschnitzte Figuren, die, an einer Schnur getragen, die Trägerin schützen sollten.

Diese Amulette stammen vom Beginn der letzten Eiszeit, etwa 30.000 Jahre vor unserer Zeitrechnung, aus dem alten Europa. Offensichtlich dienten die wenigen durchbohrten Steine und Muscheln der Verschönerung ebenso wie dem Schutz. Eine Sammlung steinzeitlicher Amulette, die ich auf dem Pariser Flohmarkt St. Ouen fand, weist in groben Zügen Tierkopf-Formen auf. Ich stelle mir vor, daß man versuchte, sich mit der Kraft der dargestellten Tiere zu verbünden und sich damit womöglich auch gegen einen Angriff eben dieser Tiere zu schützen. Eine Art Büffelkopf legt nahe, daß mit diesem Anhänger vielleicht die Büffel gerufen werden sollten. Schlangenwirbel riefen die Wandlungskraft der Schlange. Der Verehrung der Großen Göttin, der Frau schlechthin, dienten vermutlich die ersten Frauenidole. Das war zu einer Zeit, in der die Göttin von der Frau noch nicht getrennt war, in der jede Frau Fortpflanzung, Nahrung, Wärme, Sicherheit symbolisierte. Frauenidole wurden überall im alten Europa (Lepenski Vir, Donaukultur, Schwäbische Alb, Litauen, Lettland, Sardinien, Frankreich und hier insbesondere in der Dordogne) gefunden, aber in großer Zahl auch in Anatolien (Catal Hüyük und Hacilar), in Mesopotamien, in den alten Siedlungen am Indus, in Nordafrika und in Malta, um nur einige Fundstellen zu nennen. Nach den Erkenntnissen der Archäologen und Archäologinnen folgen auf die ersten Schutzamulette und Zauberanhänger aus Stein, Bein, Muschelkalk und Elfenbein bald richtig bearbeitete Perlen aus Glas und Natursteinen. Sogar sehr harte Materialien wurden mit Quarzsand und Drehbohrern in mühevoller Kleinarbeit durchlöchert, um dann auf Ketten aufgefädelt zu werden. Die Kraft der Schutz- oder Anziehungsmagie lag hier auch im Arbeitsprozeß. Während der Amuletherstellung wurden Lieder gesungen, Sagen erzählt und all die Kräfte gerufen, die fortan im Amulett wirken sollten. Auf diese Weise werden heute noch bei den Dogon in Mali/Westafrika grüngraue, sehr harte Granitperlen hergestellt. Sie werden von beiden Seiten bearbeitet, und vor dem Durchbrechen der beiden Bohrstellen werden besondere Kräfte angerufen; ein magisches Verfahren, das übrigens auch in Neuguinea beim Schnitzen der Sanduhrtrommeln angewendet wird.

Die Bedeutung der einzelnen Materialien ist verblüffenderweise rund um die Erde gleich. Ich habe mich immer gefragt, warum wohl die Koralle in Tibet ebenso stark schützt wie bei den Tuareg. Warum Hundezähne schlechte Geister in Neuguinea ebenso vertreiben wie in Westafrika.

Ohne daß Bambarafrauen je mit Batakfrauen gesprochen hätten, legen beide ihren ganzen Wohlstand in spektakulären Goldohrringen an, die sie zum Teil mit Spiralmustern verzieren. Ebensolche Spiralen finden wir in den Kopfjäger-Ketten der Naga oder in den Fruchtbarkeitsringen der Dogon. Bambarafrauen leben in Mali, Batakfrauen in Indonesien, Nagakopfjäger leben in einem isolierten Bergland im Norden des indischen Kontinents und die Dogon an einem Felsabhang im Süden von Mali, vor Burkina Faso. Kleine stilisierte Menschenidole finden wir in Sibirien, im Süden des nordamerikanischen Kontinents und in Sardinien ebenso wie in Zaire, mitten in Afrika. Tigerzähne bedeuten weltweit Schutz, aber auch Macht. Bunte Glasperlen sind in allen alten Kulturen zum Geistervertreiben sehr beliebt.

Diese weltweite Übereinstimmung in der Bedeutung von Amuletten und Schmucksteinen zwingt uns, die Handelswege der Perlen genauer zu studieren. Falls Sie zu den Menschen gehören, die noch daran glauben, daß Kolumbus Amerika entdeckte und Cook die Südsee, werden Sie umdenken müssen: Der Weg der Perlen legt nahe, daß bereits vor etwa zehntausend Jahren, wenn nicht früher, Kauri-Schnecken vom Indischen Ozean über Afrika nach Südamerika gelangten, daß baltischer Bernstein über die »Bernsteinstraße« bis Westafrika gebracht und dort gegen Gewürze getauscht wurde. Von Sibirien reisten Walfischknochenperlen über Alaska bis Oregon; und all das in einer Zeit, wo Amerika noch gar nicht »entdeckt« war, noch nicht einmal von den Wikingern, die ja bekanntlich noch vor Kolumbus, um 1100, bei Neufundland auf dem nordamerikanischen Kontinent landeten.

Da drängt sich geradezu der Witz auf, in dem alle Bewohner eines Dorfes am Strand stehen und die Ankunft der spanischen Schiffe wie folgt kommentieren: Verdammt, wir sind entdeckt! Es scheint eine europäische Eigenart zu sein, davon auszugehen, daß alles erst dann existierte, wenn es von Europäern wahrgenommen und auch verstanden wurde. Nachdem dreißigtausend Jahre lang friedlicher Handel und Austausch zwischen den Völkern des indischen, des afrikanischen und amerikanischen Kontinents stattgefunden hatte, hörte diese Idylle schlagartig auf, als christliche Europäer die Szenerie betraten. Den Eroberern ging es vor allem um die Schätze, die sie vorfanden. Die unvorstellbare Menge an Gold und Edelsteinen, die Schönheit des Schmucks der fremden Völker erregten die Gier der Eindringlinge. Die Kirche segnete die Massaker gnädig ab, handelte es sich doch nicht etwa um Menschen, sondern um »Wilde«, die diese Schönheit einfach nicht verdienten. Dem Bericht erster portugiesischer Schiffsleute auf dem afrikanischen Kontinent, sie seien an Land gegangen und hätten nur Affen vorgefunden, also hätten sie das Land für sich okkupiert, setzen die Afrikaner eine ironische Geschichte entgegen: Die Afrikaner hätten einmal schauen wollen, ob es woanders auch Menschen gebe. Sie seien mit einem Schiff bis England gefahren. Dort hätten sie aber nur Geister vorgefunden (für Afrikaner sind Ahnengeister weiß), also seien sie wieder umgekehrt, weil sie nicht stören wollten...

Die Europäer nahmen den »Affen« eiskalt Gold, Elfenbein, Perlenschmuck und Felle weg, und es kam zu einer Welle von Nachfolge-Eroberungszügen.

Besitz ist den meisten alten Kulturen fremd. Dafür spricht z.B. ein Brauch verschiedener Südsee-Völker: Eine wunderschöne gravierte Muschel, die sehr wertvoll und wichtig für die Menschen war, durfte nicht zu lange in einer Gemeinschaft bleiben, damit sie nicht ihre Kräfte gegen sie richtete. Der Wert der Muschel stieg mit der Zirkulation:

Mit einem Fest wurde sie in Empfang genommen, dann wurde sie bei wichtigen Anlässen von den Dorfältesten als Schmuck getragen, um schließlich wieder mit einem Fest verabschiedet und in einer Prozession von Booten zur Nachbarinsel gebracht zu werden.

Besitz, das wissen alle Stammestraditionen, kann besessen machen. Denn Perlen, geschliffene und durchbohrte Steine, Amulette, Kraftgegenstände an Ketten, Zähne, Klauen, Krallen haben eigene Kräfte, auch wenn sie nicht magisch aufgeladen wurden. Nach den Gesetzen vieler Stammestraditionen ist jede Materie beseelt. Eine Kraftkette muß also sorgfältig zusammengestellt werden. Kaurimuscheln sind in Afrika, in Asien, auch in Südamerika beliebte Schutzsymbole. Schon Kindern hängt man ein Lederamulett mit einer Kaurimuschel um den Hals. Die Priesterinnen von Benin tragen Gürtel und gekreuzte Lederschmuckbänder, die mit Kauris besetzt sind. Kauris »entschärfen« eine Amulettkette, zum Beispiel machen Kauris Zähne oder Krallen von wilden Raubkatzen tragbar, sie mildern deren wilde Kraft. Sie symbolisieren die weibliche Kraft, und in Griechenland waren sie Banbo, der Sau-Göttin, aber auch Demeter geweiht. Von Meeres- oder Flußperlen heißt es, daß sie »zu einem finden müssen«. Eine alte Zigeunertradition verbietet, Perlen zu stehlen, weil sie Unglück bringen. Sie symbolisieren Tränen.

Jade und Grünstein waren bei Mayas, Azteken und Tolteken wie auch in China und Tibet beliebte Schutzsteine. Aus ihnen wurden Amulette in Schlangen-, Jaguar- oder Maskenform gearbeitet, aber auch zylindrische Perlen, die mit Steinwerkzeugen bearbeitet und durchbohrt wurden. Karneolperlen wurden zum Schutz gegen böse Geister und zur Stärkung des Blutkreislaufs verwendet.

Auch prähistorische, versteinerte Muscheln und Schnecken wurden bis ins Mittelalter in allen Kulturen verarbeitet und zu Schutzfetischen auf Schnüre aufgereiht. Die fossile Kraft wurde besonders bei Zauberamuletten sehr geschätzt. Fossilien finden sich vor allem in der Valdivia-Kultur in Südamerika und im alten Europa, wo sie sozial angesehenen Verstorbenen als Grabbeigaben mitgegeben wurden.

Bernstein, der eigentlich versteinertes Baumharz ist, wird rund um den Erdball als Heilstein, zur Linderung von Schmerzen, zur Abwehr von bösen Geistern und zur Auffrischung der Lebenskräfte eingesetzt.

Um zu verstehen, warum Steine den Heilungsprozeß beeinflussen können, muß man sich vor Augen halten, daß unsere westlich-zivilisierte Medizinauffassung relativ neu ist (genaugenommen stammt sie aus der Zeit nach der Inquisition, in der niemand heilen durfte, der nicht an einer Dom-Schule oder Dom-Universität ausgebildet worden war. Und Frauen durften eine solche Ausbildung nicht genießen. Die alten Heilformen durften nicht mehr praktiziert werden, und die wissenschaftliche Theorie vom gesunden und vom kranken Körper setzte sich durch).

Innerhalb der alten Traditionen geht man davon aus, daß Krankheit nicht erst entsteht, wenn der Körper Symptome zeigt, sondern schon, wenn die vielen Häute und Schichten gestört werden, die den Körper umhüllen; und zwar durch materielle und nicht sichtbare spirituelle Störungen. Heilsteine können in dieser Sichtweise des Heil- und Ganz-Seins (heil = heilig) Störfelder neutralisieren, schlechte Einflüsse abhalten und die Person stärken, die den entsprechenden Stein trägt.

Nehmen wir die rote Koralle: Trage ich sie, so schützt sie mein Blut, meinen Menstruationszyklus, der sich dann störungsfrei und schmerzlos in mir entfalten kann, und sie stärkt meine Lebenskräfte. Rot ist ja auch die Farbe des Lebens, der Vitalität, der Energie. Lebe ich nun in einer Gemeinschaft, in der die Schutzfunktion der Koralle zudem eine gemeinsame Absprache ist, so wird wahrscheinlich jeder Mensch, der meinen Korallenschmuck sieht, wissen, daß ich geschützt bin, und mich vermutlich gar nicht erst attackieren, ebenso wie kaum jemand eine bewaffnete Person angreifen will!

Das System der Schutzamulette und Heil- und Zaubersteine ist also ein komplexes Gefüge von Wirkungen und Gegenwirkungen. Im tibetischen Gebiet ist es für Frauen unumgänglich, sich mit Türkisen, Korallen und Bernstein zu schützen. Türkis stellt die Verbindung zur Erde und damit den Schutz des Mutterbodens dar. Koralle und Bernstein werden übrigens seit gut zweitausend Jahren importiert, da sie in Tibet nicht vorkommen. Den Schutz des Körpers und der Seele durch Korallen und Bernstein mußte man also durch ein gut funktionierendes Handelssystem garantieren. Die Steine kamen über die Seidenstraße und von Indien herauf. Am Anfang unserer Zeitrechnung wanderten Achat-, Granat-, Karneolperlen aus Indien nach Europa, kunstvolle Glasperlen aus Ägypten, Syrien und Persien gelangten bis Frankreich, ja bis zum amerikanischen Kontinent einerseits und nach Asien andererseits. Die Perlenkunst der Völker am Indus war berühmt. Aus Rußland wanderten Bernstein, Elfenbein und Bein-Perlen nach Asien und Südeuropa. Der Handel funktionierte, und er funktioniert bis heute.

Aber ein bestürzendes Phänomen hat diesen wunderbaren, jahrtausendealten Austausch der Völker untereinander, dieses Anziehen und Loslassen von Kraft in magischen Amuletten unterbrochen: die Sammelwut der westlichen Zivilisation.

In der Zeit der großen Dürren, Mitte der achtziger Jahre, sahen sich zum Beispiel viele Tuareg-Familien gezwungen, ihren Familienschmuck aus Leder, Bernstein, Silber, Koralle und Türkisen zu verkaufen, um überhaupt zu überleben. Über Entwicklungshelfer, Ethnologen, Angehörige von Firmen und Hilfsdiensten in Afrika kamen diese Familien-Juwelen nach Europa und Amerika. Als sich die Tuareg in besseren Jahren wieder soweit erholt hatten, daß sie ihre magischen und traditionsgeladenen Schmuckstücke gern zurückgehabt hätten, war es zu spät. Es gab kaum noch Märkte, auf denen alter Tuaregschmuck zu haben war, und wenn, dann nur zu horrenden Preisen. Das brachte die Plastikindustrie auf den Plan: Der Schmuck, den Berberfrauen, Targias oder Tibeterinnen heute am Leib tragen, ist meistens eine Imitation des traditionellen Schmucks aus Kunstharz. In diesem Kunstharz ist Formaldehyd mit anderen giftigen Substanzen verarbeitet, die sich bei Hitze aus den Perlen lösen und giftige Dämpfe in kleinen Mengen abgeben. So könnte der Schmuck, der einst die Stämme schützte und stark machte, aufgrund der Besitzgier der Westler zu ihrem Untergang beitragen.

Eine weitere Ironie des Schicksals: Würden Tuaregs oder Tibeter auf den Auktionen des internationalen Kunsthandels auftauchen, könnte es passieren, daß sie für ein Butterbrot ihre Familienkette wieder einhandeln könnten, nur weil sie grade nicht im Trend liegt. Da liegt dann so ein Wunderwerk aus Karneolperlen, alten Granitperlen der Dogon, alten böhmischen oder venezianischen Glasperlen mit weißen Punkten, die in Westafrika oft noch als Hochzeitsperlen auf Schnüre aufgereiht und der Braut mitgegeben werden. Niemand interessiert sich für die Kette. Vierzig Mark? Das darf doch nicht wahr sein! Jede Modeschmuckkette in der Parfümerie ist teurer. Das ist der Moment, in dem meine Sinne wach werden und ich anfrage: Wie ist es, wollt ihr mein Leben teilen, wollt ihr einstweilen, bis eine andere Frau euch nötiger braucht, zu mir kommen und mich stimulieren mit altem Wissen, mit geheimnisvollen Zauberformeln, mit Rätseln, die ich in langen Winternächten träumend löse, indem ich Perle um Perle zwischen meinen Fingern durchlaufen lasse und abfrage. Wollt ihr mit mir tanzen und eure Kraft entfalten? Wollt ihr mit anderen Perlen und Figuren von Frauenmacht zusammenkommen, euch beratschlagen und die Welt mit mir zusammen aus den Angeln heben?

Und wenn das »Ja, aber sicher« bei mir anbrandet und ich diese Perlen der Kraft und der Magie herauslöse aus dem Spekulationsfeld der Tresorbesitzer, dann kichern wir zusammen und wissen, daß wir unglaublich starke Zeiten miteinander verleben werden: Ich höre zu, die Steine erzählen, und zwischendurch tanzen wir uns heiß. Auf einer solchen Auktion, bei der ich mich sehr engagiert habe, damit gewisse starke Zauberamulette nicht etwa im Tresor einer Bank landen, fragte mich ein Franzose hinterher, ob ich denn wohl Sammlerin von Ethnoschmuck sei. Ich bin Beleberin, sage ich, ohne zu zögern. Und das ist es, was uns zusammenbringt, die Steine und mich: die lebendige magische Kraft, die sich entfalten will.

LITERATUR:

Alle Perlen dieser Welt von Lois Sherr Dubin, DuMont Verlag. Das zauberhafteste Buch, spannend wie ein Krimi, informativ wie ein Computerprogramm und schön wie eine ganze Stein-Sammlung, das über Geschichte und Anwendung von Perlen je geschrieben wurde.

Schmuck der Südsee und *Islands and Ancestors* von Ingrid Heermann/Ulrich Menter, beide Prestel-Verlag. Beide Bücher geben hervorragende Informationen über Ahnenkult und Schmuck und die Zusammenhänge alter Südseetraditionen.

Power and Gold (Katalog), Prestel-Verlag. Ein wundervolles Bilderbuch mit Gold- und Perlenschmuck der Südsee.

Goddess von Adele Getty, Thames und Hudson Verlag. Eine detaillierte Beschreibung der Göttinnen-Kulte mit Bildern, besonders auch von Idolen.

Afrika im Schmuck, Angela Fischer, DuMont Verlag.

GREENHAM COMMON

Gewaltloses Training und Trancelieder

Wie es möglich ist, daß Tausende von Frauen konsequent eine witzige, gewaltlose, friedliche und wirkungsvolle Aktion durchführen, ohne daß kritische Situationen entstehen, erfuhr ich, als wir an der Osterblockade in Newbury, Greenham Common, teilnahmen. Wir könnten an der Blockade nur teilnehmen, wenn wir eine Gruppe von mindestens zehn Frauen bilden könnten, sagte uns eine der organisierenden Frauen. Wir fanden acht Frauen, die gerne mit uns zusammen eine Gruppe bilden wollten. Wir prägten uns die neuen Namen ein und gingen zum Training. Überall im Zelt und draußen hockten Gruppen im Kreis.

Wir setzten uns auf den feuchten Boden, und unsere Trainingsfrau fing an, uns den Sinn der gewaltfreien Aktionen zu erzählen. Wenn im ersten Moment eine Art Widerstand gegen diese durchorganisierte, unspontane Geschichte entstanden war, löste er sich sofort auf. Wer je in Demonstrationen oder politische Aktionen verwickelt war, kennt den Moment, wo sich die allgemeine Aktion aus deiner persönlichen Verantwortung löst und dich »mitreißt«, du läßt dich von dem emotionalen Zug mitziehen, eine Woge schwappt über dir zusammen. Du denkst: ich kann doch nicht als einzige aussteigen.

Genau das Gegenteil passiert in Greenham Common. Du lernst in der Trainingsgruppe, wie die rechtliche Situation aussieht, was dir passieren kann, was du tun sollst, falls du verhaftet wirst, wie du dich der Polizei gegenüber verhältst: Vermeide Gewalt in Aktionen oder Sprache. Wenn du merkst, daß eine Frau aus deiner Gruppe ausflippt, geh zu ihr hin, tröste sie, unterstütze sie. Sei dir darüber klar, daß Frustrationen, Ängste, Anspannung der Auslöser für Gewalt sein können. Halte engen emotionalen Kontakt zu deiner Gruppe, aber wenn eine Frau verhaftet wird, komm ihr nicht zu Hilfe, denn das verschlimmert nur ihre und deine Situation (»Widerstand gegen die Staatsgewalt« usw.). Du hilfst ihnen damit nur, eine Entschuldigung für einen Gefängnisaufenthalt zu finden. Wenn du siehst, wie eine Frau von Polizisten geprügelt, getreten, mißhandelt wird, greife nicht ein, das würde nur die Gewalt der Polizei verstärken. Mach Fotos und schreib dir alles auf. Notiere die Dienstnummer und wenn möglich den Namen des Polizisten. Mach andere Frauen darauf aufmerksam, damit ihr mehrere Zeugen habt.

In der Trainingsgruppe wird klar: keine Frau wird unter Druck gestellt, daß sie bei der Blockade mitmachen soll. Wer Lust hat, kann sich vors Tor setzen, wer sich nicht traut, kann stehen und die Frauen von dort unterstützen. Jede Gruppe hat eine »Supporting Woman«, die für warme Kleidungsstücke, für Essen und Tee, für die persönlichen Gegenstände der blockierenden Frauen sorgt. Außerdem gibt es in jeder Gruppe eine »Legal Advisor Woman«, die so etwas wie juristische Beobachterin ist. Diese beiden Frauen müssen vor allem darauf achten, daß sie nicht in die (illegalen) Blockade-Aktionen verwickelt werden, denn sie sind verantwortlich dafür, daß Namen und Adressen der verhafteten Frauen durchgegeben werden. Sie müssen alle Aktionen beobachten, bei eventuellen Verhaftungen die Freunde/Familien der Frauen benachrichtigen usw.

Wenn du bei der Blockade mitmachst, hast du so Sicherheit, daß du nicht einfach weggeschleppt werden und unbemerkt verschwinden kannst. Du weißt, daß die Frauen für einen Anwalt, für Kaution sorgen werden; du weißt, daß dir nichts passieren kann. Vor allem: du wirst dich nicht wehren, und so bleibt die Möglichkeit einer Anklage immer gering.

Zum Abschluß unserer Vorbereitung sagt unsere Trainingsfrau, wir sollten versuchen, innerhalb von zwei Minuten zu einer gemeinsamen Entscheidung zu kommen. Einige Frauen aus unserer Gruppe wollen über den Zaun steigen und innerhalb des Baugeländes tanzen und singen. Wie entscheidet sich die Gruppe?

Wir kauern uns zusammen, ratlos kichernd. Jede wirft einen Einwand, einen Vorschlag in die Runde. Am Schluß sind wir uns einig: wir hindern die Frauen nicht daran. Wir halten die Blockade weiter aufrecht. Falls die Frauen verhaftet werden, halten wir ihre Namen fest und sorgen dafür, daß sie so schnell als möglich wieder rauskommen.

Witzigerweise fragt uns die Trainerin nicht nach der Entscheidung, sondern ob alle Frauen etwas dazu gesagt haben. Liz, ein ganz stilles blondes Mädchen sagt, sie habe nichts gesagt, weil sie nicht wußte, wie so eine Situation aussehen könnte. Die Trainerin erinnert uns daran, wie wichtig es sei, daß wir alle aufmerksam aufeinander sind, daß wir uns respektieren, auch wenn wir anderer Meinung sind.

Wir fühlen uns unglaublich gut und zusammengehörig. Nach einer halben Stunde sind wir wirklich eine richtige Gruppe. Es fällt mir jetzt gar nicht mehr schwer, die Frauen auseinanderzuhalten. Wir erzählen uns auf der Fahrt zu »unserem« Tor von unserem »früheren« Leben.

Alle Tore sind miteinander durch Walkie-Talkie-Kontakt verbunden. Außerdem sitzt eine Frau im Hauptzelt, die zu allen Toren Funkkontakt hat. So ist es möglich, über alle Ereignisse sofort Bescheid zu wissen. Der ganze Tag am Tor gleicht einem übermütigen, ausgelassenen Volksfest. Während immer eine Reihe von Frauen die Blockade vor dem Tor aufrecht erhält, springen die anderen herum, murmeln Magisches, singen endlose, wunderbare Trance-Lieder, denen sich selbst die Polizisten nicht entziehen können.

Immer neue Frauen lösen die blockierenden vor den Toren ab. Hinter den Stacheldrahtzäunen stehen die Herren vom Militär starr und unbehaglich. Alle drei Stunden werden sie abgelöst. Fassungslos starren sie auf uns. Jeeps fahren vorbei, Ambulanzen. Im Inneren des Bauplatzes ist ein hektisches Treiben. Uns wird klar: sie sind auf ihrem eigenen Territorium eingesperrt, Gefangene von Frauen.

Alle drei Stunden gibt es eine neue Schicht Polizisten draußen und eine neue Schicht Soldaten drinnen. Wir bleiben immer dieselben. Inzwischen kennen wir uns alle untereinander. Gegen fünf Uhr nachmittags ziehen schwarze Wolken am Himmel auf. Eine Frauenstimme kratzt aus dem Walkie-Talkie: Bei uns wollen sie räumen, wir brauchen Verstärkung. Nach Absprache mit allen, auch mit dem Hauptzelt, machen wir uns auf den Weg.

Dort sieht es jetzt anders aus: dichte Reihen von Polizisten. Sofort werden auch die Straßen abgeriegelt, um zu verhindern, daß mehr

Frauen nachkommen. Drinnen kreisen Dutzende von Bussen. Die Arbeiter müssen nach Hause. Sie konnten ohnehin den ganzen Tag nicht arbeiten, weil keine Lastwagen durchkamen.

Die Räumung: Du liegst schlaff auf dem Boden. (Mach dich ganz schlaff, sei dir ganz sicher, daß du nicht den geringsten Widerstand leistest, auch nicht in Gedanken, sagte die Trainerin). Polizisten zerren dich hoch. Wo werden sie dich hinwerfen? Am wenigsten weh tut es, wenn du ganz locker bist, wie vor einer Trance. In dem Moment, wo sie dich fallenlassen, springst du auf und legst dich wieder hin. Das macht sie natürlich stocksauer. Mit der Zeit werden sie grob. Du registrierst kaum noch, wie die Busse durchfahren. Die Arbeiter winken und rufen: »Well done, girls! You are great!« Viele Ehefrauen der Arbeiter sind mit bei der Blockade.

Am Abend sind wir bis auf die Haut durchnäßt und völlig erschöpft. Wir haben es ihnen nicht leicht gemacht und haben doch keinerlei Gewalt gebraucht.

ANGENOMMEN, ES KÄME EINE FEE...

...und sagte Ihnen, Sie hätten drei Wünsche frei

Eine Frau stand in der U-Bahn und bettelte, das heißt, sie hatte ein Schild um den Hals: Ich bin blind und habe nichts zu essen. Bitte helfen Sie mir. »Jeder kann sehen, daß die nicht blind ist!« sagte ein adrett gekleideter Mann wütend und hastete vorbei. Ich warf der Frau etwas in die Schachtel. Mehrere Leute schimpften, daß es eine Unverschämtheit sei, Leute derart zu belästigen, daß sie arbeiten solle usw. Ich gab ihr nicht etwa aus Mitleid etwas, sondern weil ich glaube, daß das ein harter Job ist, betteln. Gnadenlos! Soviel kannst du gar nicht verdienen, wie du dir da an Demütigung gefallen lassen mußt! Und immer wieder interessant finde ich die Einstellung braver Bürger zum Betteln: es bedroht sie. Da steht eine Person, die nicht auf ein Amt rennt, nicht arbeiten geht, nicht weint, klagt, wütet. Die einfach bettelt. Die Frau nahm – offensichtlich kein bißchen blind – die Schachtel an sich, holte das Geldstück heraus, schaute mir in die Augen, und da passierte es. Die Geräusche um mich herum verstummten, alles war wie in Watte gepackt, ich fühlte meinen Körper nicht mehr, sah nur noch diese Augen und flog durch die Pupillen hindurch in einen hellen weiten Raum. Du hast drei Wünsche frei, wirbelte es durch mein Gehirn. Wünsche weise! Peng. Fertig. Keine Frau stand da, keine Schachtel. Ich griff nach dem Treppengeländer. Meine ersten Überlegungen führten mich direkt in die Hölle. Wenn ich drei Wünsche hätte, dachte ich vorsichtig, würde ich alles zerstören und stoppen, was derzeit uns zerstört. Ach ja? Würde ich wirklich den Virus erfinden, der alle Wissenschaftler, alle Generäle, alle gewalttätigen und aggressiven Männer umbringt? Würde ich den Wirbelsturm rufen, die Flut, den Erdrutsch, das Erdbeben? Ich, die große Göttin, sozusagen? Kläglich schrumpfte ich zusammen. Ich nahm's von der witzigen Seite: Gut, ich würde das Fahrradbataillon der Schweizer Armee an den Golf schicken, das wäre einfach zu komisch. Oder ich würde allen Zerstörern den unendlichen Schluckauf an den Hals wünschen, der schon einen Papst umbrachte. Oder ich würde allen Politikern wünschen, daß, wo immer sie aufträten, die Menschen nur noch lauthals lachten. Nicht schlecht, aber auch nicht gut. Was machen die im Märchen? Gesundheit, Wohlstand, ewige Seligkeit. Auch nicht schlecht, aber auch nicht gut genug. Denk an das Beste! Vergiß das Beste nicht. Und das wäre? Dann bekam ich Anfälle von Weltrettung und Wunderheilung. Ich sah mich als große Wohltäterin der Menschheit Wunder tun. Sofort erinnerte ich mich daran, wie diese ganze Kiste das letzte Mal schiefging und wie wir heute noch alle unter dieser Art Größenwahn leiden müssen.

Noch zehn Sekunden, sagte ein feines Stimmchen in mir. Bist du wirklich nicht in der Lage, einfach drei sinnvolle Wünsche auszusprechen? Oh doch, sagte ich laut. Ich wünsche mir ansteckendes heilendes Gelächter, weiter wünsche ich mir, in der Ursprache der Schöpfung alle Wesen des Universums zu verstehen und mit ihnen in Verbindung treten zu können und ... daß der Augenblick meines Todes mein glücklichster Augenblick sein wird. Ich hörte einen lauten Knall, wie ein Donner hörte sich das an. Ob das die Bestätigung meiner Wünsche war? Ich Idiot, warum hatte ich mir nicht gewünscht, nie mehr arm zu sein, oder irgend so etwas Vorsorgendes, Vorausschauendes? Wieso, dann kannst du doch immer zu uns kommen, wir helfen dir schon! hörte ich. Als ich aufblickte, zwinkerte mir die Kastanie zu, und ich fühlte mich wirklich sehr glücklich.

LUISA FRANCIA

geboren 1949, lebt mit ihrer Tochter bei München. Sie ist Filmemacherin und Autorin. Zusammen mit Margarethe von Trotta schrieb sie die Drehbücher »Das zweite Erwachen der Christa Klages« und »Schwestern«, machte später eigene Filme (»Hexen«, »Die Anstalt«, »Nur in der Fremde ist der Fremde fremd«, »Alles möglich«) und verfaßte die Theaterstücke »Fischmaul« und »Salome«. Sie veröffentlichte Gedichte in verschiedenen Anthologien und Zeitschriften.

Im Verlag Frauenoffensive sind von ihr erschienen: »Berühre Wega« (1982), »Kalypso« (1984), »Mond, Tanz, Magie« (1986), »Drachenzeit« (1988), »Zaubergarn« (1989) und »Spielend Scheitern. Ein Leitfaden für Frauen mit dreizehn Tips zum Mißerfolg« (1990), »Die 13. Tür« (1991). Im Stechapfel Verlag Zürich: »Hexentarot (1981) und »Der afrikanische Traum« (1985). Bei Pieper's Medienexperimente, Löhrbach: »Ich machte mich auf die Findung, denn Sucherin bin ich keine« (1988).

Zwei Einzelausstellungen ihrer Bilder im Frauenkulturhaus München (Februar 1991) und im Frauenmuseum Wiesbaden (November 1991). Mit Herbert Achternbusch zusammen die Ausstellung »An der Naht der Nacht« in der Ladengalerie LOTHRINGER 13 in München (Oktober 1991). »Ritual/Performance und Tänze für Steine, Bäume, Spinnen und gelegentlich auch Menschen«.

Luisa Francia

ICH MACHTE MICH AUF DIE FINDUNG, DENN SUCHERIN BIN ICH KEINE

DER GRÜNE ZWEIG 130

Xpedition zum Untersberg, ein Bericht über eine Trancereise, die zum einzigen mitteleuropäischen Ahnenberg, dem Untersberg bei Salzburg führt. Fiebervisionen, alltägliche Ereignisse, Gewalt in der Dämmerung zwischen Phantasie und Realität und eine Suche nach dem roten Faden unserer Mythengeschichte verbinden sich zu einer Ballade der Findung. Die Xpedition zum Untersberg wird zur uralten schamanischen Reise in die Schattenwelt, in der sich Licht und Dunkel zu Ekstase verbinden, in der die Polaritäten sich aufheben und zu einer einzigen Schwingung werden.

Genug Pathos: Xpedition zum Untersberg ist auch der Mut zum Wahnsinn in einer Trance, die sich aufs Spinnen verläßt, aber nie den roten Faden verliert, der zurückführt.

Luisa Francia hat rund ein Dutzend Bücher geschrieben, mehrere Filme gedreht, Drehbücher (u.a. für/mit Margarethe von Trotta) und Theaterstücke verfaßt.

Für diese Ausgabe hat sie mehrere vielfarbige Illustrationen beigesteuert.

ISBN 3-925817-30-1 **17.50 DM/SFR**